全国第一次可移动文物普查成果

江阴篇

江阴市文体广电和旅游局 编

古吴轩出版社

图书在版编目（CIP）数据

全国第一次可移动文物普查成果. 江阴篇 / 江阴市文体广电和旅游局编. -- 苏州 : 古吴轩出版社, 2020.8
ISBN 978-7-5546-1572-0

Ⅰ. ①全… Ⅱ. ①江… Ⅲ. ①文物－普查－江阴－图录 Ⅳ. ①K870.2

中国版本图书馆CIP数据核字(2020)第130917号

主　　编：程　政　张韶峰
副 主 编：周晓虹　吴有为
执行主编：翁雪花　刁文伟

责任编辑：鲁林林
装帧设计：戴玉婷
责任校对：戴玉婷
色彩管理：殷文秋
责任印刷：李雪莹

书　　名：全国第一次可移动文物普查成果——江阴篇
编　　者：江阴市文体广电和旅游局
出版发行：古吴轩出版社
地址：苏州市十梓街458号　　邮编：215006
电话：0512-65233679　　传真：0512-65220750
出 版 人：尹剑峰
印　　刷：无锡市证券印刷有限公司
开　　本：889 × 1194　1/16
印　　张：14.5
版　　次：2020年8月第1版　第1次印刷
书　　号：ISBN 978-7-5546-1572-0
定　　价：360.00元

如有印装质量问题，请与印刷厂联系。0510-85435777

序 言

江阴因地处大江之南，故被称为“江阴”。自南朝梁绍泰元年（555）始，“江阴”之名一直沿用至今，历史可谓久远矣！近些年来，持续的考古发掘工作接连带来惊人的发现：祁头山遗址、南楼遗址、高城墩遗址、佘城遗址相继被揭开了神秘的面纱，至此一部完整的江阴史书呈现在世人面前，“七千年人类生息史、五千年文明史、三千八百年筑城史”成了宣扬江阴丰厚历史文化底蕴的响亮口号。

2012年10月，新中国成立以来第一次全国可移动文物普查工作拉开了序幕。根据江阴市委、市政府的统一部署，在江阴市文化广电新闻出版局（现为江阴市文体广电和旅游局）的组织领导下，于2013年5月成立江阴市第一次全国可移动文物普查领导小组办公室，对全市的国有企、事业单位收藏、保管文物情况进行排查摸底。最终确立文物收藏单位21家，申报藏品总数6021件（套），17511件。通过本次普查工作，全面摸清了我市收藏可移动文物的国有单位情况，掌握了藏品的具体数量和分布情况，我市的可移动文物信息资源库逐渐建立和完善起来，每一件国有可移动文物都拥有了自己的“文物身份证”。这不仅完善了我市的国有可移动文物档案，更初步实现了我市国有可移动文物的资源标准化、动态化管理。

为了充分展示我市普查的成果，我们从此次普查的近万件文物中遴选了百余件（套）独具特色的珍品，编辑出版图录，以飨读者。收录的文物以忠义文化文物、军事文化文物、历史时期文物、地方史文物、窖藏文物、墓葬文物等六个板块来展示，让读者充分品味文物的艺术价值和历史内涵。这是对在历时三年多的时间里为此次文物普查工作做出过贡献、付出过辛勤汗水的所有工作人员的肯定和表彰！

江阴自古就有“延陵古邑、春申旧封”之称，“三吴襟带之邦”为历代文人所吟唱。滚滚长江流经江阴而突然收窄，“天堑通途、锁航要塞”成为这座城市独有的地理特性，以至其备受军家之必争。“清初八十一天抗清而遭屠城”，为后人所熟知。古往今来，能被以“忠义之邦”来形容的城市是极为罕见的，“忠义”精神屡屡得到政府的表彰，“忠义之邦”被刻石镶嵌于江阴南门城楼之上，为后世所敬仰。当今社会倡导“和谐”，其含义与“忠义”之精神相得益彰，“忠心爱国、信义友亲”也正是创建和谐社会的基石。改革开放以来，江阴一直是县域经济的排头兵和领头羊，这得益于江阴人的另一面——“永不服输、敢为人先”的性格，“人心齐、民性刚、刚攀登、创一流”成了新时代江阴人恪守的城市精神。

文物是一个地方历史文化发展脉络的见证。本书展示的这些文物，能让读者对江阴的历史文化发展有一个直观的感受。最后，谨借此机会向所有参加一普工作的领导和文博同行，以及在工作中给予我们支持的社会各界致以最诚挚的感谢！

本书由刁文伟、周利宁执笔，其中周利宁撰写了第三章历史文物中的陶瓷类文物、金属类文物两节，余为刁文伟撰写。

《全国第一次可移动文物普查成果——江阴篇》编辑委员会

2020年8月

目 录

六、墓葬文物

文物图录

光忠之卿康公等一百三十八人祀忠義祠中丞徐
悦紹祖等七十五人建立公祠並昭於鄉邑人士紳
韓伊始以其事來請余曰諸紳民與三公同時殉節
三公祠宜僉以為允乃奉栗主分設兩序祔祀之日
經既歷之後同心捐軀此其忠義之性勃發一旦
後世後有褒顯之者乃事久盡彰卒得
此國
之仁要亦忠烈鬱勃之氣不可磨滅故不望報而
則忠孝廉節之事苟能盡其在我發潛闡微必有其
徑順治乙酉迺請旌道光乙酉元運之轉適契乎
為名教勸是為記
兼禮部侍郎文淵閣直閣事提督江蘇學政海鹽
職次戊寅季秋之月　邑人高觀瀾張世泰汪潤

一、忠义文化文物

江阴固有“忠义之邦”之称，其来历彰显邑人民性刚烈之气概，亦是江阴特有之地域文化标志之一，足以史册彪炳。

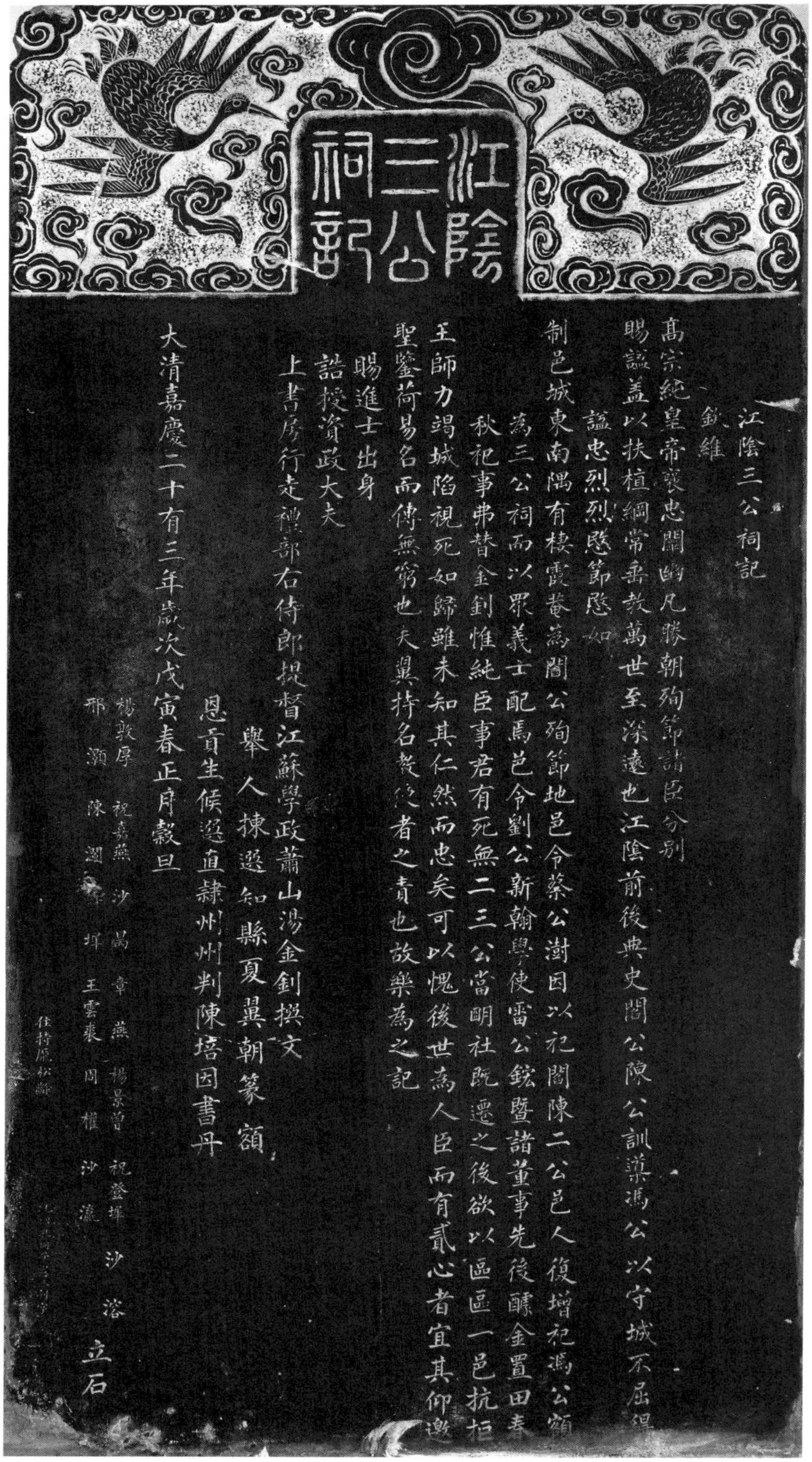

1. 汤金钊撰《江阴三公祠记》碑 清嘉庆二十三年(1818)

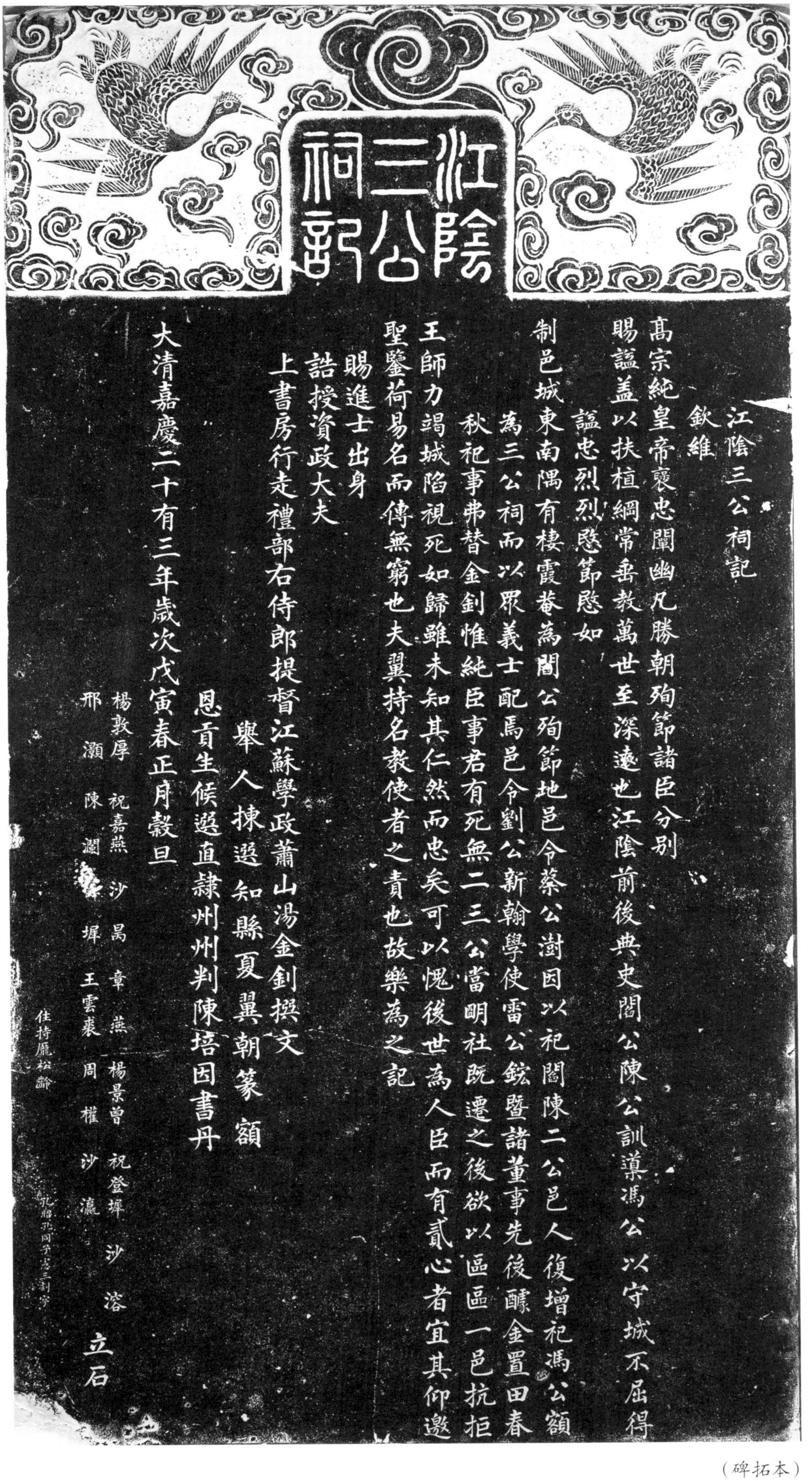
江陰三公祠記

江陰三公祠記

欽維

高宗純皇帝褒忠闡幽凡勝朝殉節諸臣分別

賜謚蓋以扶植綱常垂教萬世至深遠也江陰前後典史閻公陳公訓導馮公以守城不屈得

謚忠烈烈愍節愍如

制邑城東南隅有棲霞菴為閻公殉節地邑令蔡公澍因以祀閻陳二公邑人復增祀馮公顏

為三公祠而以眾義士配焉邑令劉公新翰學使雷公鋐暨諸董事先後釀金置田春

秋祀事弗替金釗惟純臣事君有死無二三公當明社既遷之後欲以區區一邑抗拒

王師力竭城陷視死如歸雖未知其仁然而忠矣可以愧後世為人臣而有貳心者宜其仰邀

聖鑒荷易名而傳無窮也夫翼持名教使者之責也故樂為之記

賜進士出身

誥授資政大夫

上書房行走禮部右侍郎提督江蘇學政蕭山湯金釗撰文

舉人揀選知縣夏翼朝篆額

恩貢生候選直隸州州判陳培因書丹

大清嘉慶二十有三年歲次戊寅春正月穀旦

楊敦厚 祝嘉燕 沙 暠 章 燕 楊景曾 祝登墀 沙 溶 立石

邢 灝 陳 瀾 [illegible]墀 王雲裘 周 權 沙 瀛

住持麗松齡

孔昭孔同子[illegible]三刻字

（碑拓本）

公祠祔祀殉義紳民碑記

江陰三公祠祀明江陰縣典史忠烈閻公烈愍陳公訓導節愍馮公盖順治乙酉以
孤城拒
王師城破不屈死者也時紳民從死者甚衆百餘年來未列祀典道光六年中丞陶
公允士民之請上其事於
朝得
旨以姓名見志之部康公等一百三十八人祀忠義祠中丞復允以散見家乘經後
嗣與郡之侃紹祖等七十五人建立公祠並昭貽鄉邑人士紳於經費妥備之地闕
焉值余駐輶伊始以其事來請余曰諸紳民與三公同時殉節殁仍同歆俎豆禮也
其祔祀於三公祠宜僉以爲允乃奉栗主分設兩序祔祀之日余親詣行禮焉夫諸
義士當明社既屋之後同心捐軀此其忠義之性勃發一旦成敗利鈍皆所不計又
豈計及於没世後有褒顯之者乃事久盡彰卒得
賜祀如例此固
聖朝如天之仁要亦忠烈鬱勃之氣不可磨滅故不望報而其報自至不求名而其
名自顯然則忠孝廉節之事苟能盡其在我發潛闡微必有其時非理之較然著乎
諸人殉義在順治乙酉適請在道光乙酉元運之轉適契乎人心之同則尤可異也
爰書之以爲名教勸是爲記
内閣學士兼禮部侍郎文淵閣直閣事提督江蘇學政海鹽朱方增譔
道光八年歲次戊子季秋之月　邑人高觀瀾張世泉汪瀾祝登墀薛幹立石

（碑拓本）

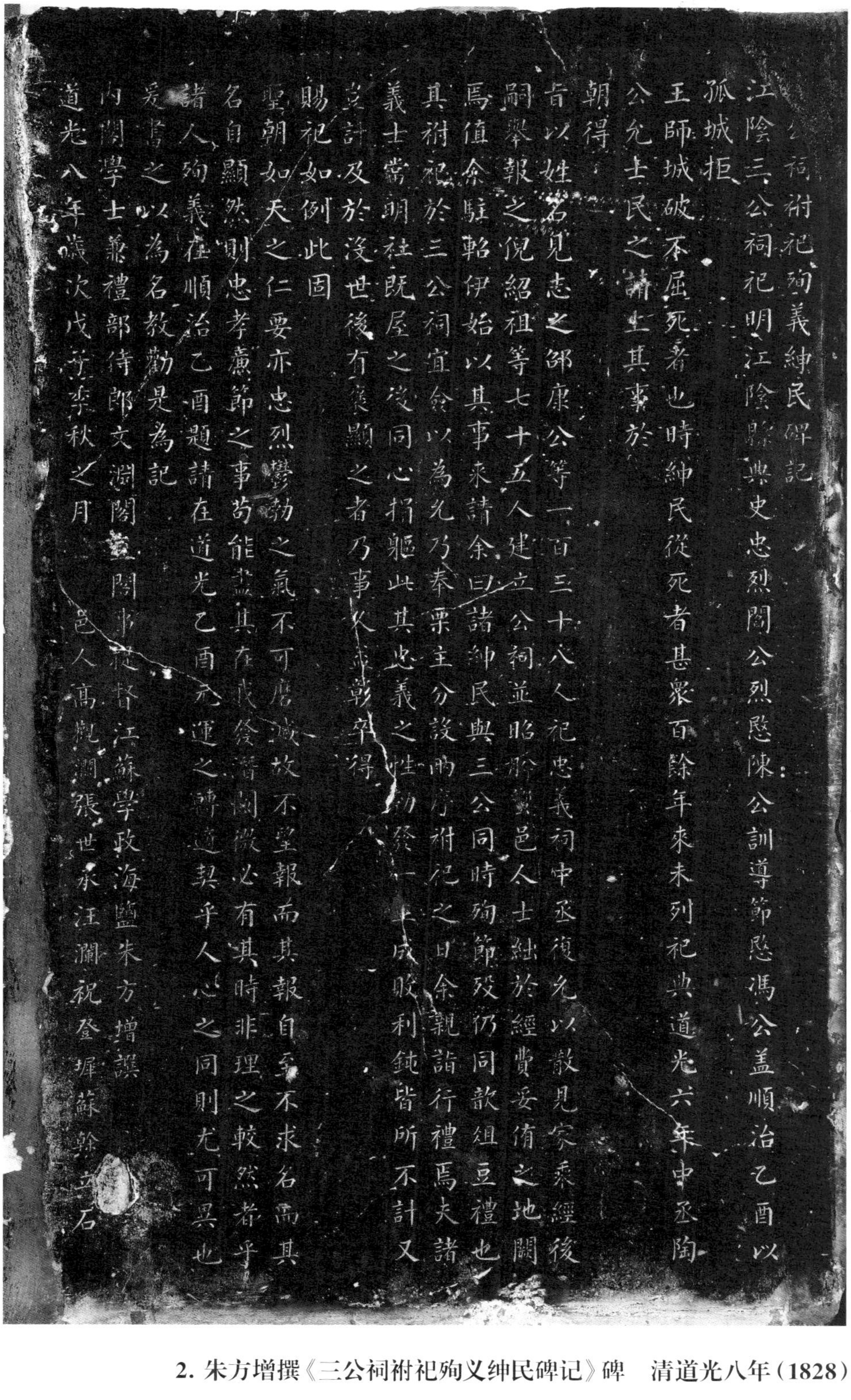

2. 朱方增撰《三公祠祔祀殉义绅民碑记》碑　清道光八年（1828）

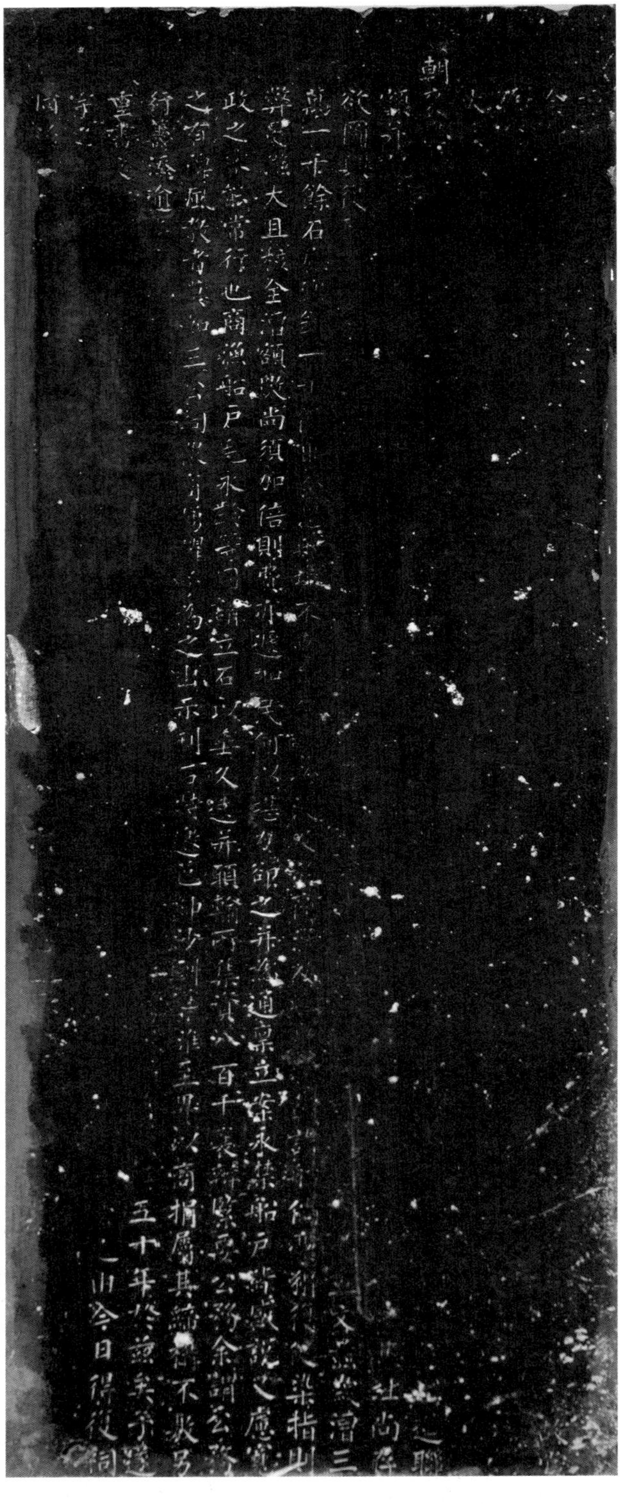

3. 汪坤厚撰《重建三公祠碑记》碑　清同治六年（1867）

（碑拓本）

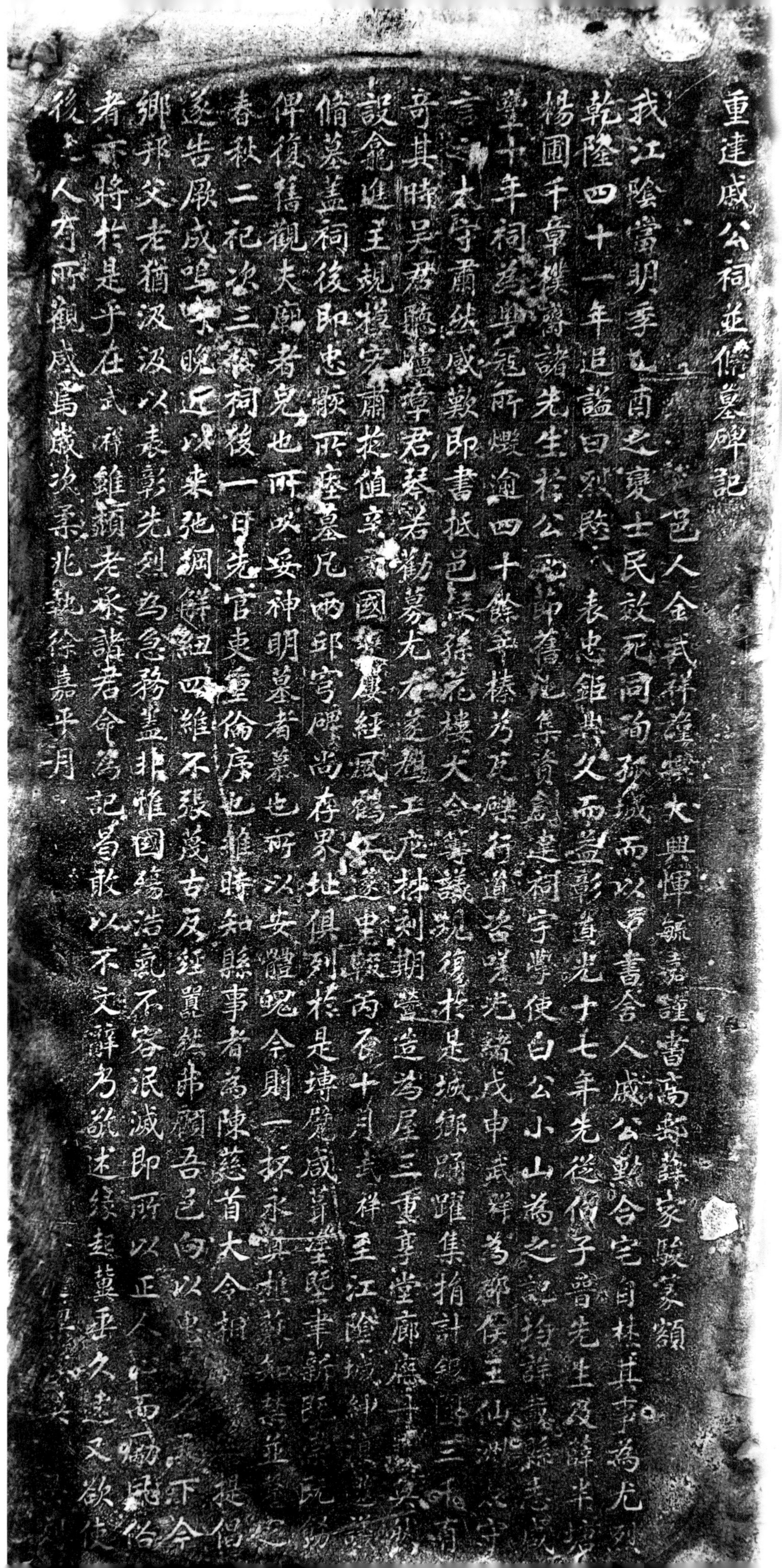

（碑拓本）

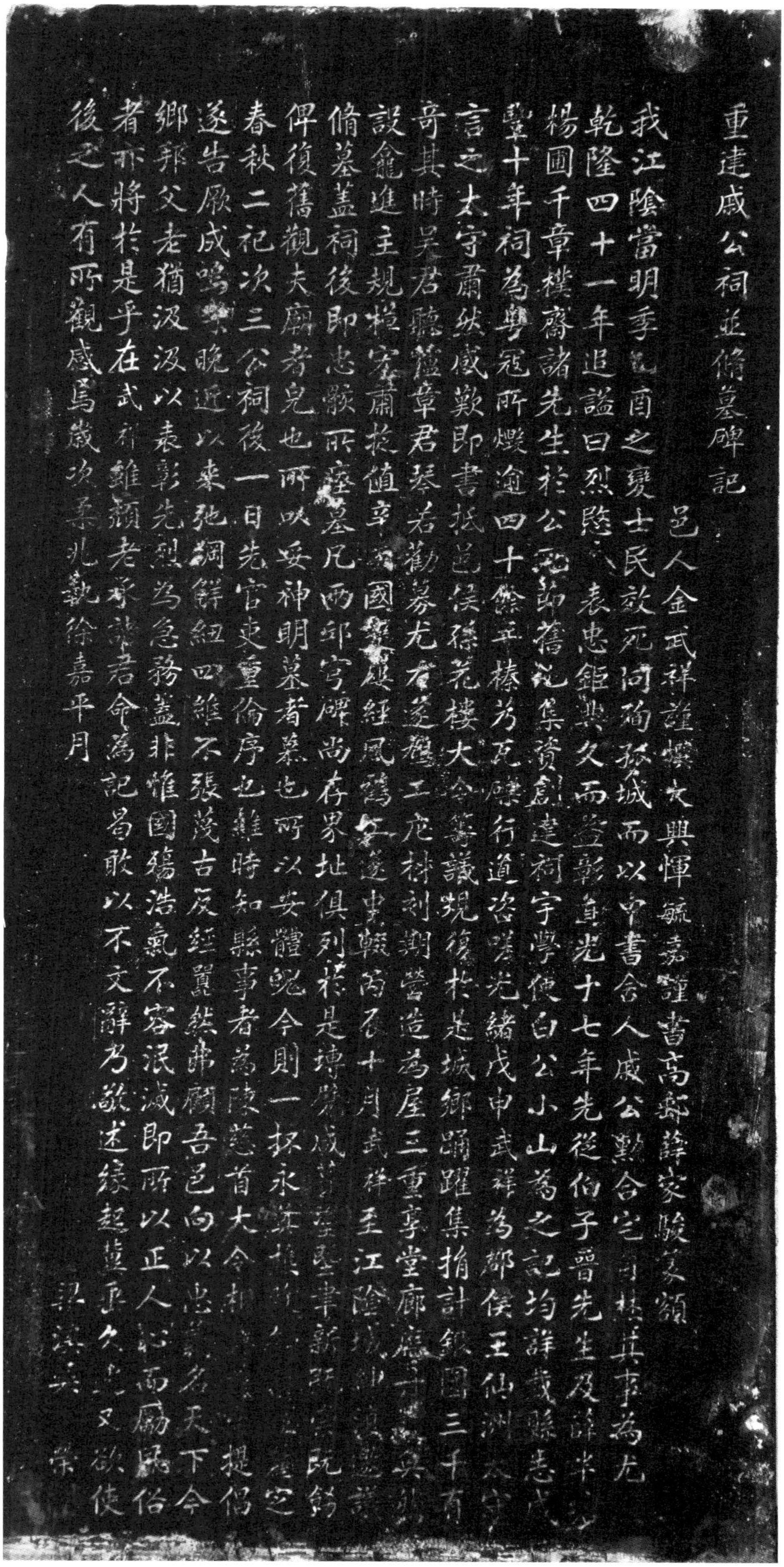

4. 金武祥撰《重建戚公祠并修墓碑记》碑　民国丙辰年（1916）

5.《皇清旌恤阵亡常胜军弁勇之墓》碑　2件　清光绪九年（1883）

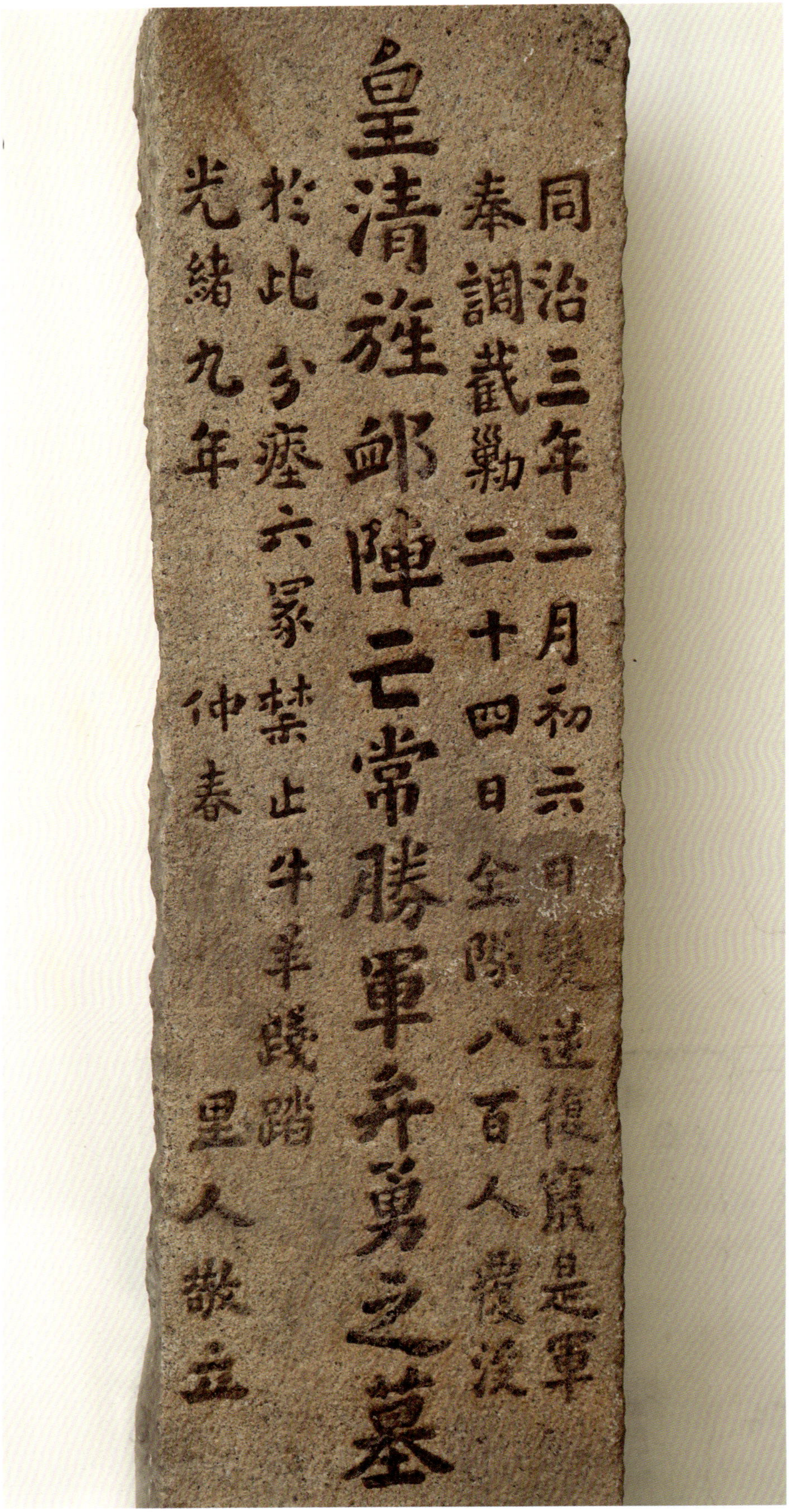

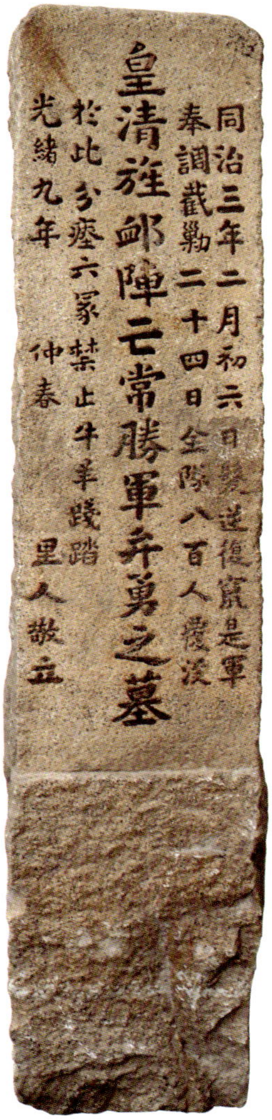

（Ⅰ式）

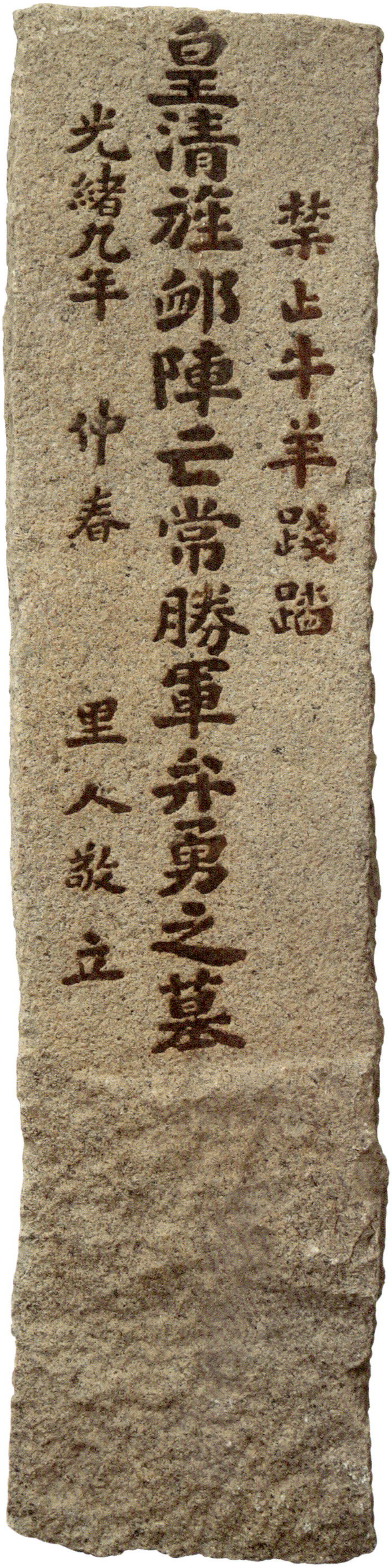

（Ⅱ式）

二、军事文化文物

江阴自古即为兵家必争之地，素有“长江之管键、锁航之要塞”称谓。特别是鸦片战争以来，以黄山炮台为主体的军事文化，成为江阴地域文化的重要标识。

（Ⅰ式）

（Ⅱ式）

1. "耀威大将军"铁炮　6件　清道光二十三年（1843）铸造

（Ⅰ式）

（Ⅱ式）

2.“振武将军”铁炮　2件　清道光二十三年（1843）铸造

振武將軍

3. 铜炮　清咸丰十一年（1861）铸造

4. 铁质圆形炮弹　4枚　清代

6. 球形浆石弹丸　41枚　清代

5. 铁质筒锥形炮弹　4枚　清代

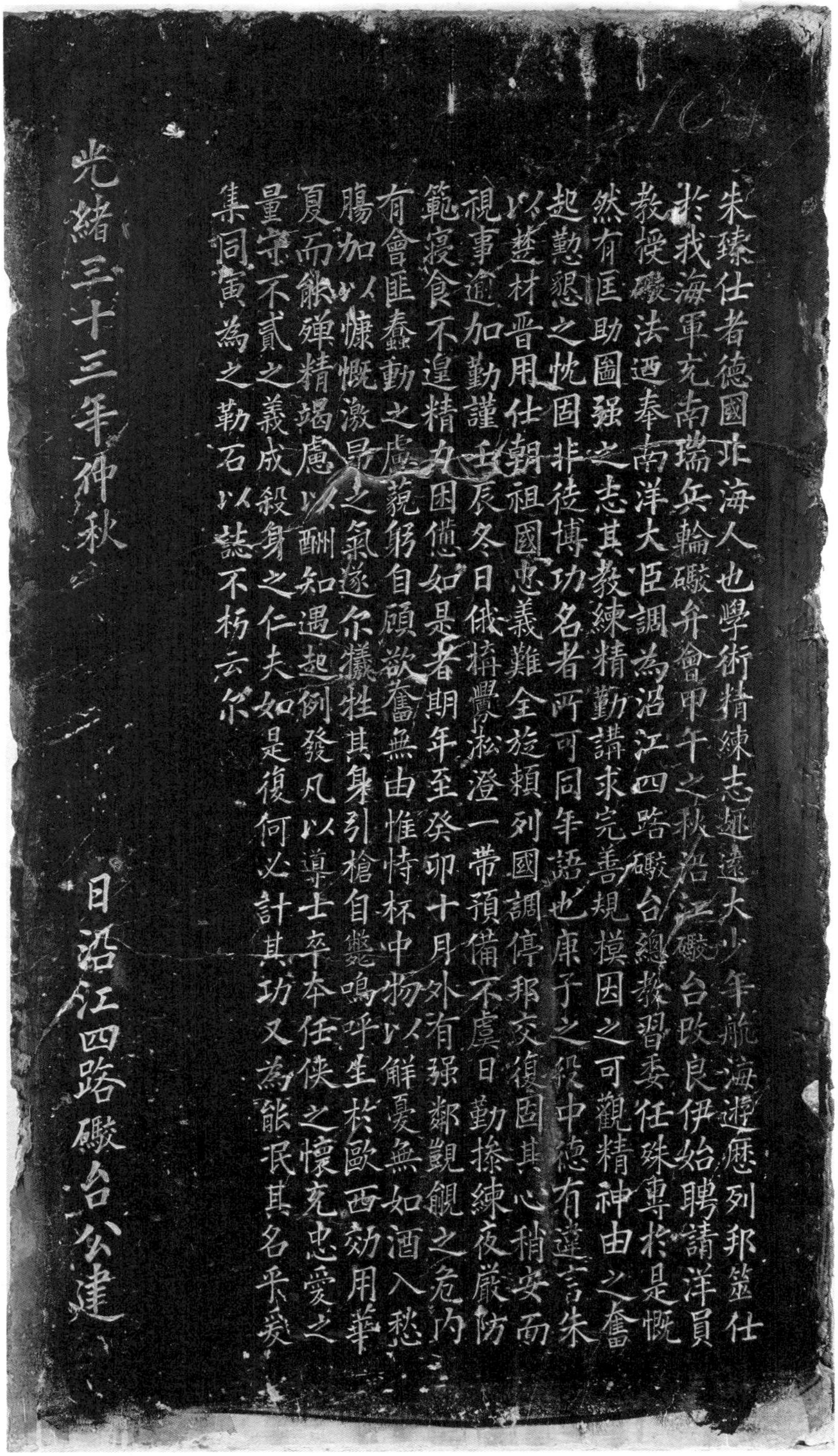

7.《朱臻仕者》碑　清光绪三十三年（1907）

朱臻仕者德國非海人也學術精練志趣遠大少年航海遊歷列邦筮仕於我海軍充南瑞兵輪礮弁會甲午之秋沿江礮台改良伊始聘請洋員教授礮法迺奉南洋大臣調為沿江四路礮台總教習委任殊專於是慨然有匡助圖強之志其教練精勤講求完善規模因之可觀精神由之奮起懃懇之忱因非徒博功名者所可同年語也庚子之役中德有違言朱以楚材晉用仕朝祖國忠義難全旋賴列國調停邦交復固其心稍安而視事逾加勤謹壬辰冬日俄構釁淞澄一帶預備不虞日勤操練夜嚴防範寢食不遑精力困憊如是者期年至癸卯十月外有強鄰覬覦之危內有會匪蠢動之虞藐躬自顧欲奮無由惟恃杯中物以解憂無如酒入愁腸加以慷慨激昂之氣遂爾犧牲其身引槍自斃嗚呼生於歐西効用華夏而能殫精竭慮以酬知遇超例發凡以導士卒本任俠之懷充忠愛之量守不貳之義成殺身之仁夫如是復何必計其功又焉能泯其名乎爰集同寅為之勒石以誌不朽云爾

光緒三十三年仲秋　日沿江四路礮台公建

（碑拓本）

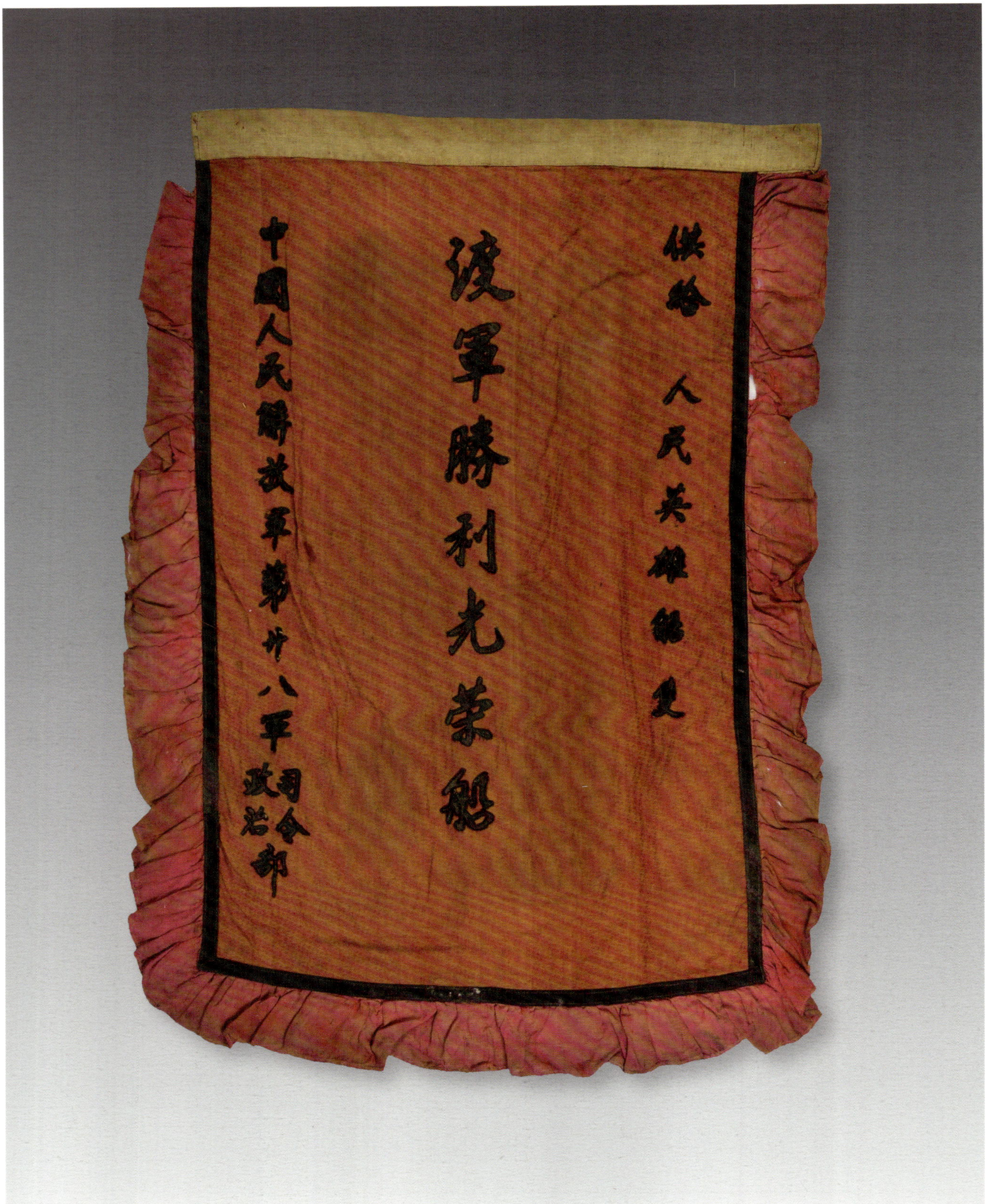

8.“渡军胜利光荣船”锦旗　1949年

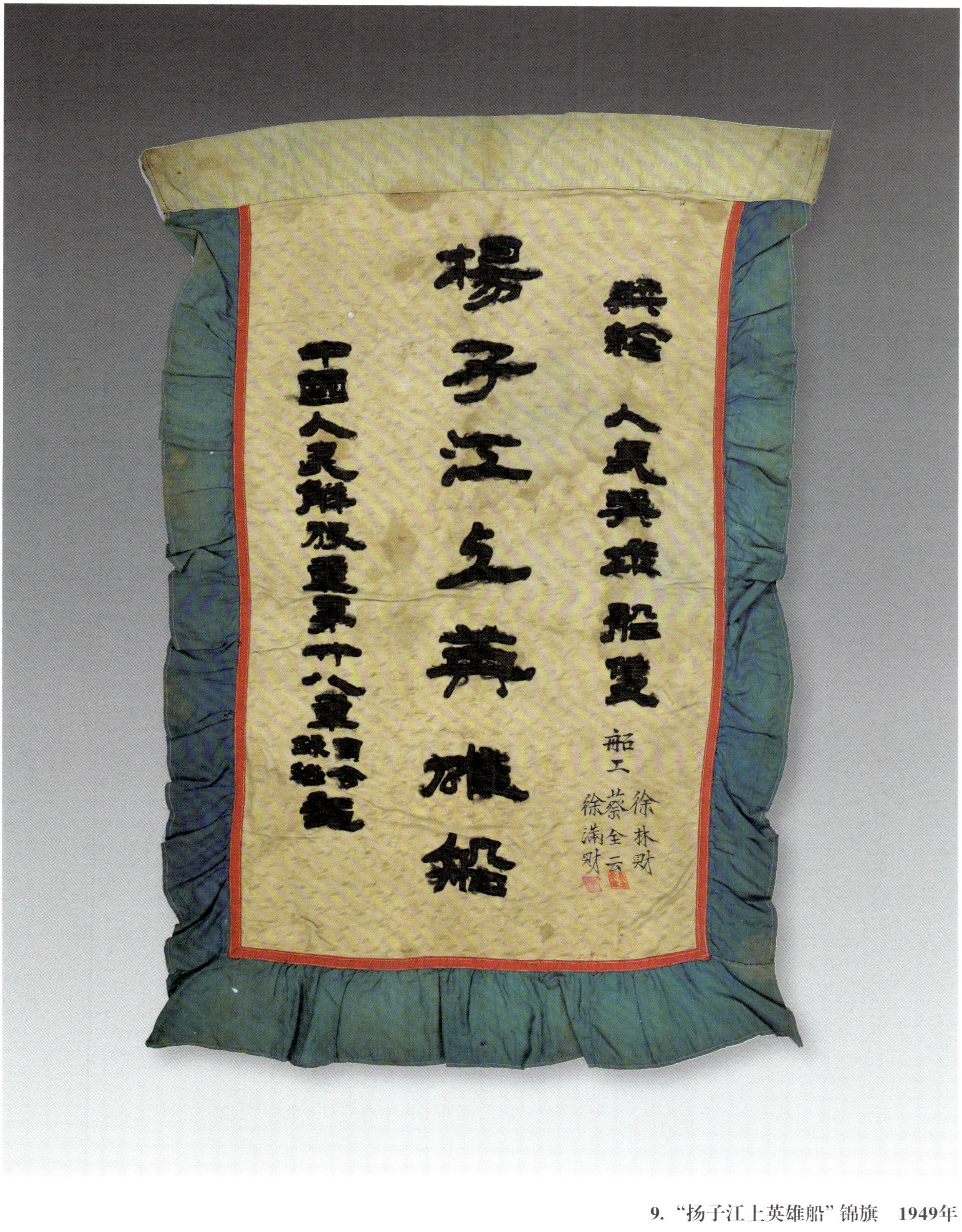

9.“扬子江上英雄船”锦旗　1949年

10.“渡江英雄”锦旗　1949年

11.“渡江胜利纪念”徽章　1949年

12. 馆藏奖状三件　1949年

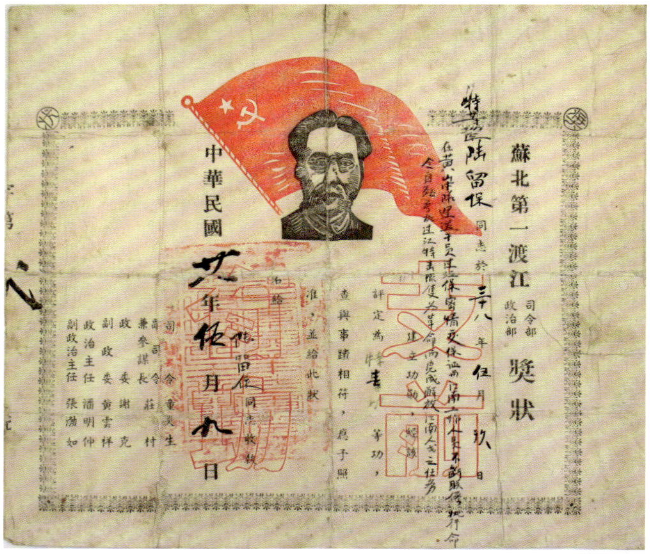

（1）特等功臣陆留保奖状

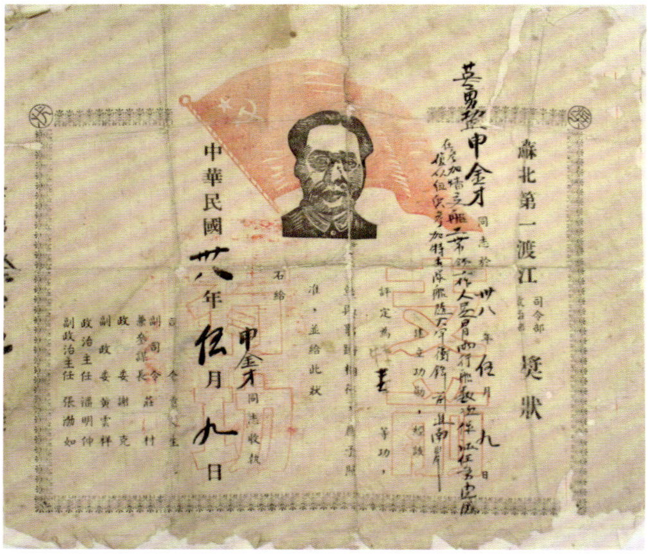

（2）英勇功臣申金才奖状

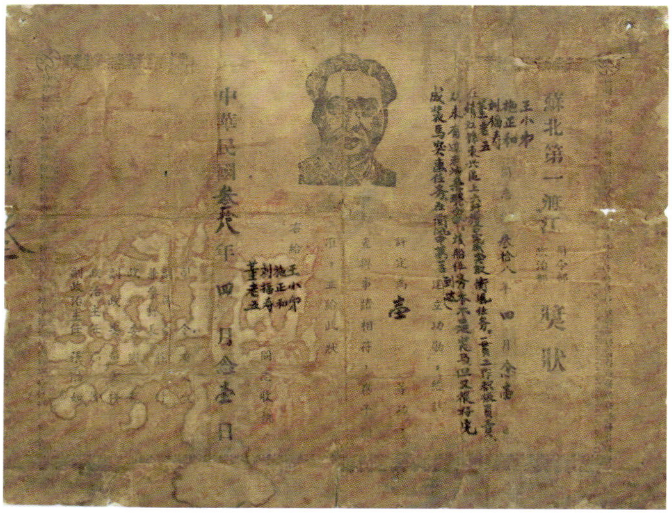

（3）王小弟等壹等功臣奖状

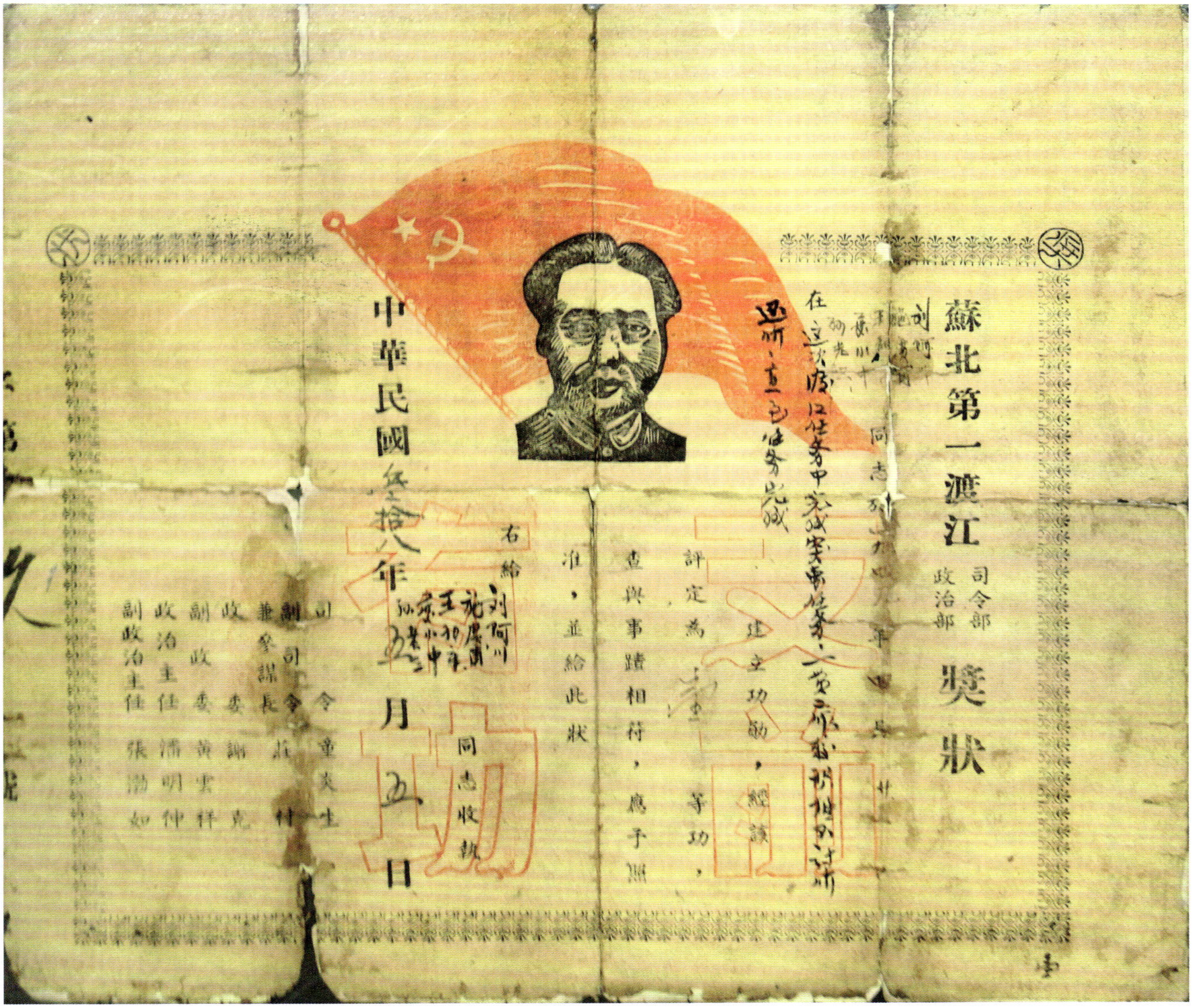

13. 苏北第一渡江司令部、政治部奖状　1949年

三、历史时期文物

玉石类文物
陶瓷类文物
金属类文物
名家手迹类文物

玉石类文物

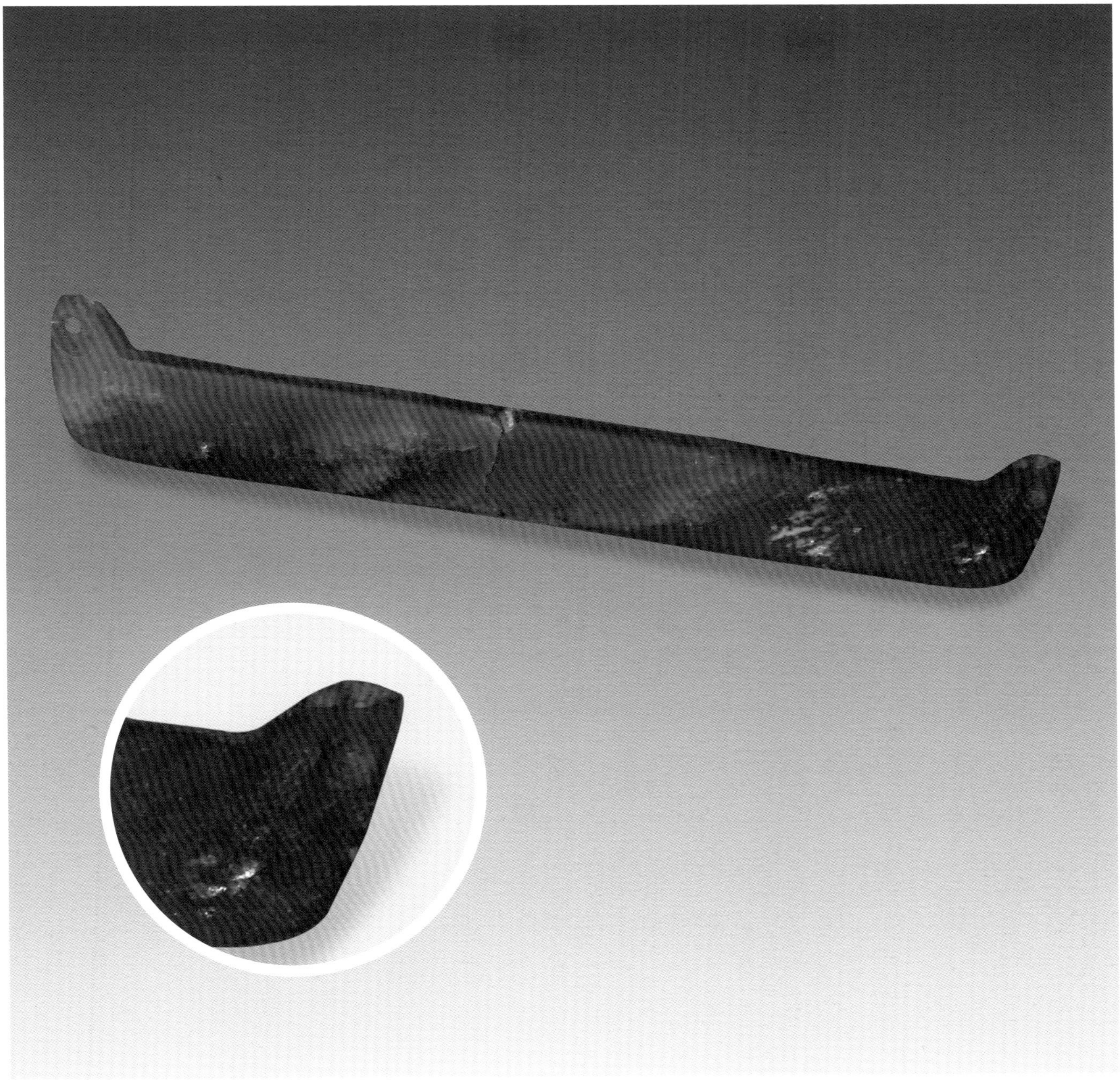

1. 桥形玉璜　新石器时代　马家浜文化

2. 玉琮　新石器时代　良渚文化

3. 玉琮　新石器时代　良渚文化

4. 玉琮　新石器时代　良渚文化

5. 玉钺　新石器时代　良渚文化

6. "风"字形石钺　新石器时代　良渚文化

7. “风”字形石钺　新石器时代　良渚文化

8. 穿孔石斧　新石器时代　良渚文化

9. 有段石锛　新石器时代　良渚文化

10. 中浮雕《四神十二生肖》与《出行图》石椁四边栏　宋代

陶瓷类文物

1. 彩绘三足陶钵（内附头盖骨）　新石器时代　马家浜文化

2. 黑陶杯　新石器时代　崧泽文化

3. 黑陶高领罐　新石器时代　良渚文化

4. 挹铜陶勺和青铜残件　商代

5. 重回纹硬红陶坛　汉代

6. 豆形熏炉　汉代

7. 釉陶瓿　汉代

8. 釉陶虎子　汉代

9. 盘口扁腹青瓷壶　南北朝

10. 影青釉瓜棱形瓷粉盒　宋代

11. 青花人物故事纹瓷盘　清代

12. 蓝釉蓝彩花鸟竹石纹观音瓷尊　清代

13. 粉彩富贵吉祥纹大瓷瓶　清代

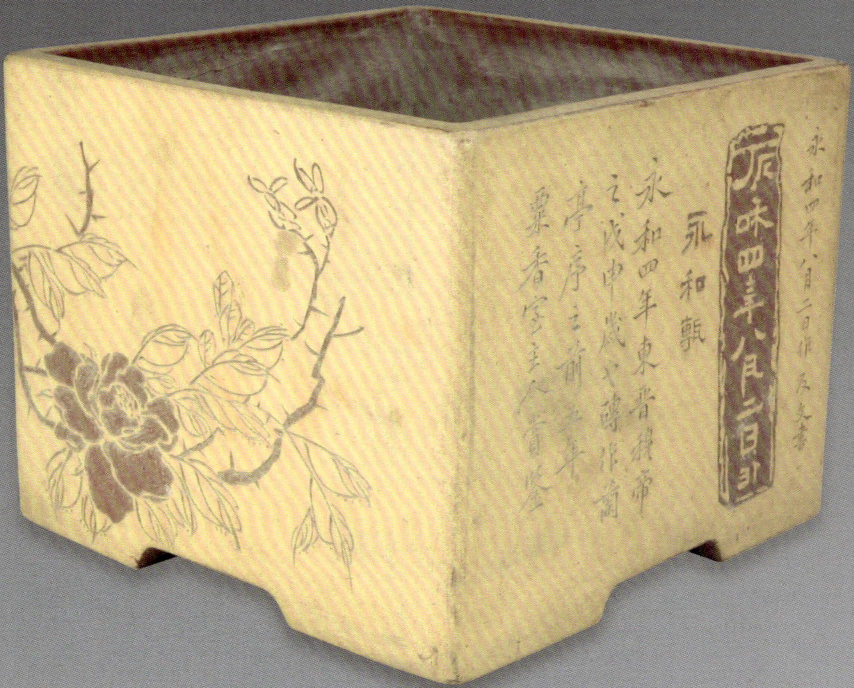

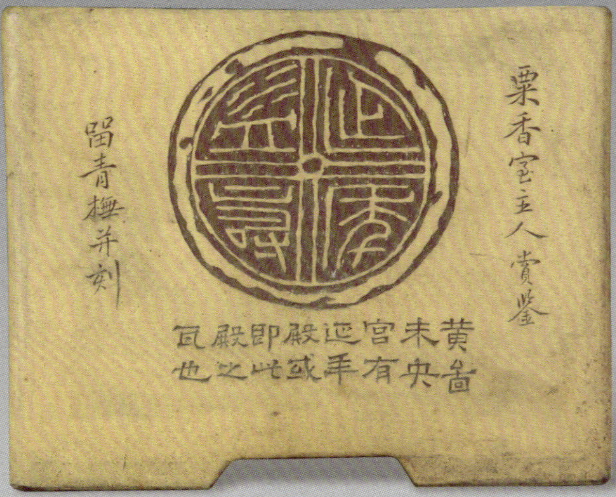

14. 粟香室主人款方形紫砂花盆　清代

金属类文物

1. 环形立耳腰沿扁足青铜鼎　汉代

2. 铺首衔环圈足青铜簋　汉代

3. 三扁高足平沿平底青铜鐎鼎　汉代

4. 三外撇高扁足敞口平底长曲柄短流青铜鐎斗　汉代

5. 附耳蹄足圆盖三捉手青铜鼎　汉代

6. 唐"顺天元宝"背莲花纹方孔圆花钱　宋代

7. 海兽葡萄纹铜镜　唐代

8. 铤形银锭　宋代

9. 方纽圆腹铭文铜权　元代

10. 嵌宝金耳环　1对　明代

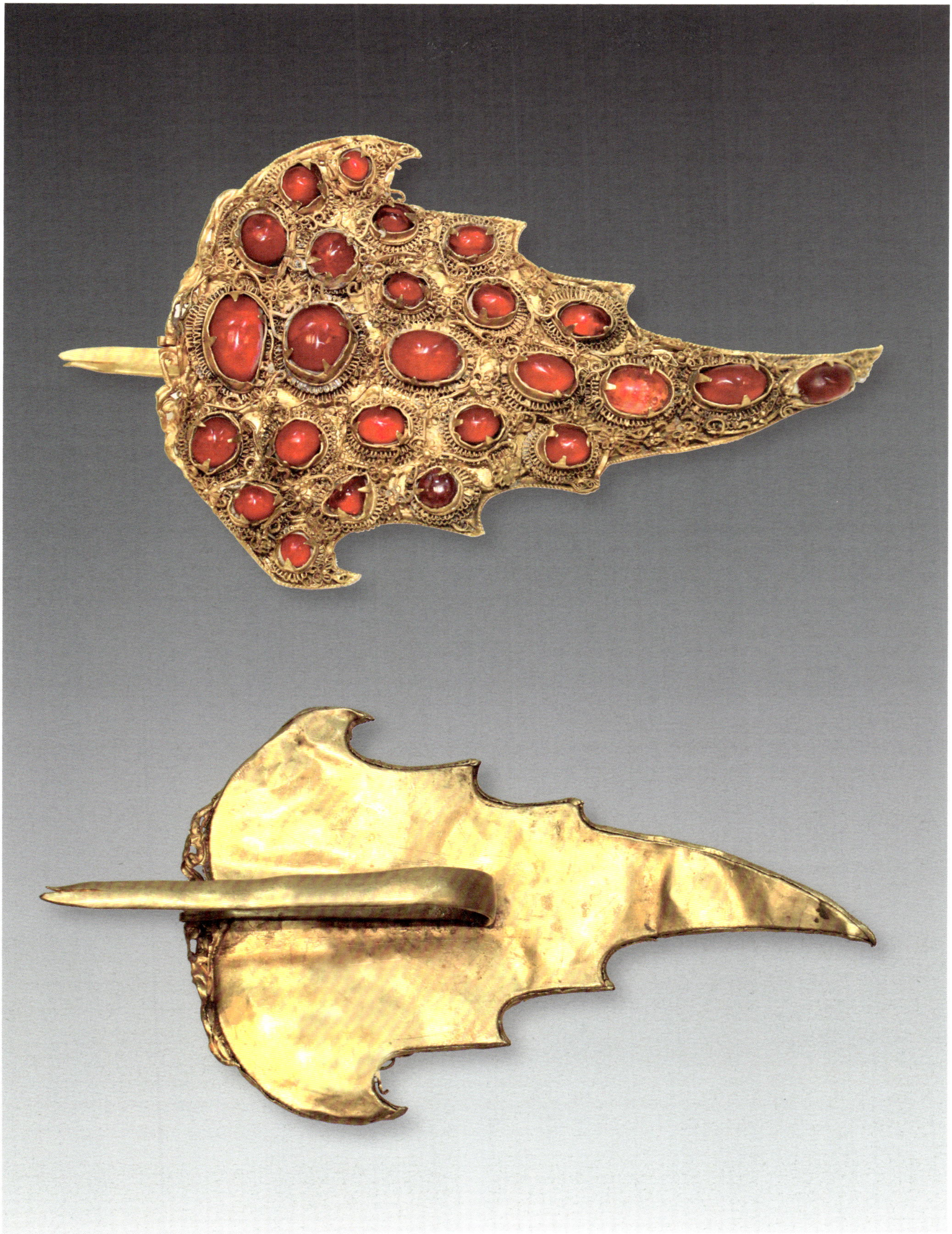

11. 烈焰形嵌宝金顶簪

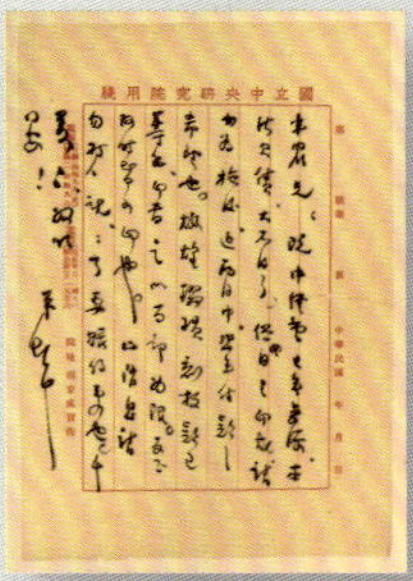

名家手迹类文物

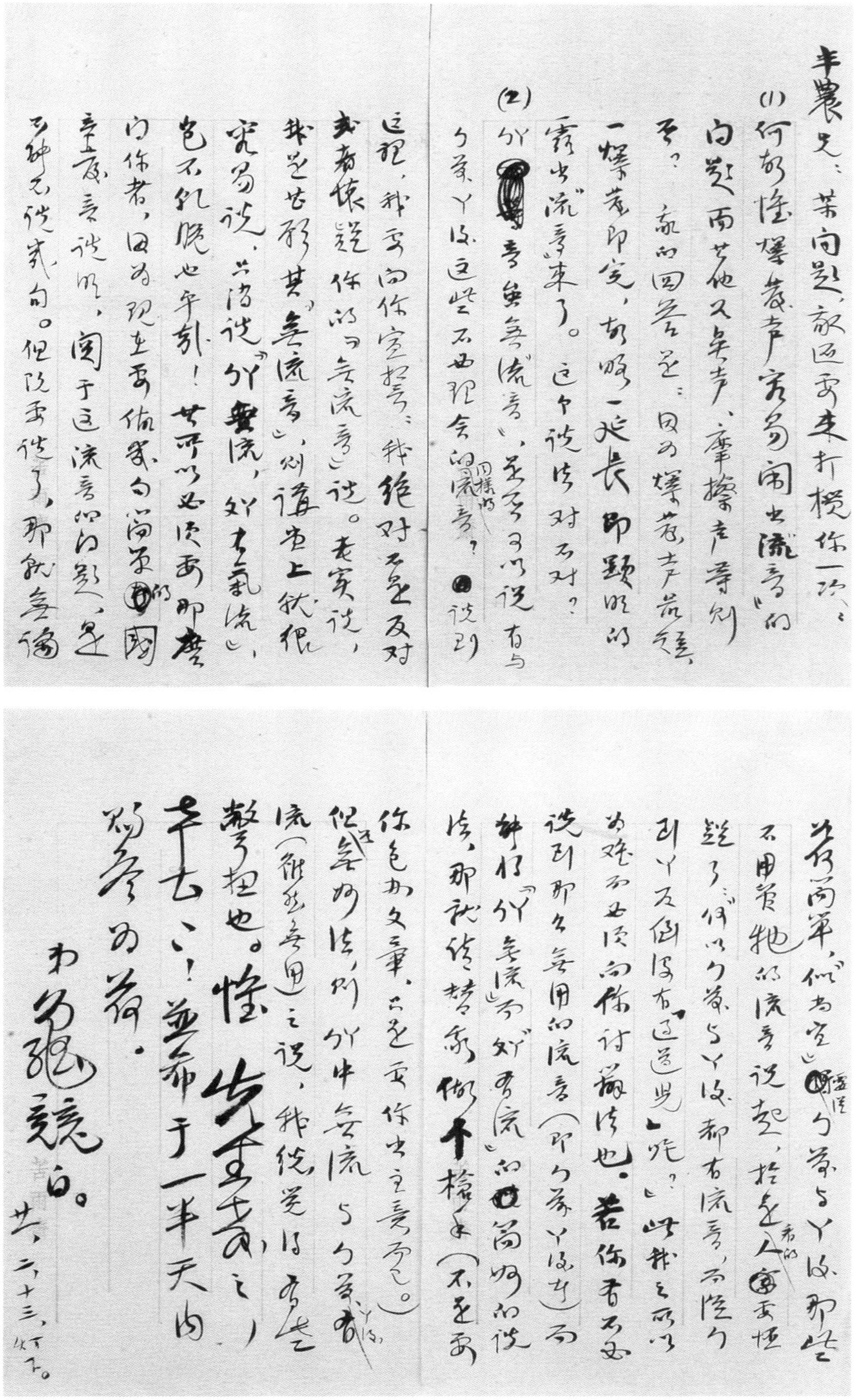

1. 钱玄同致刘半农信札　民国二十一年（1932）

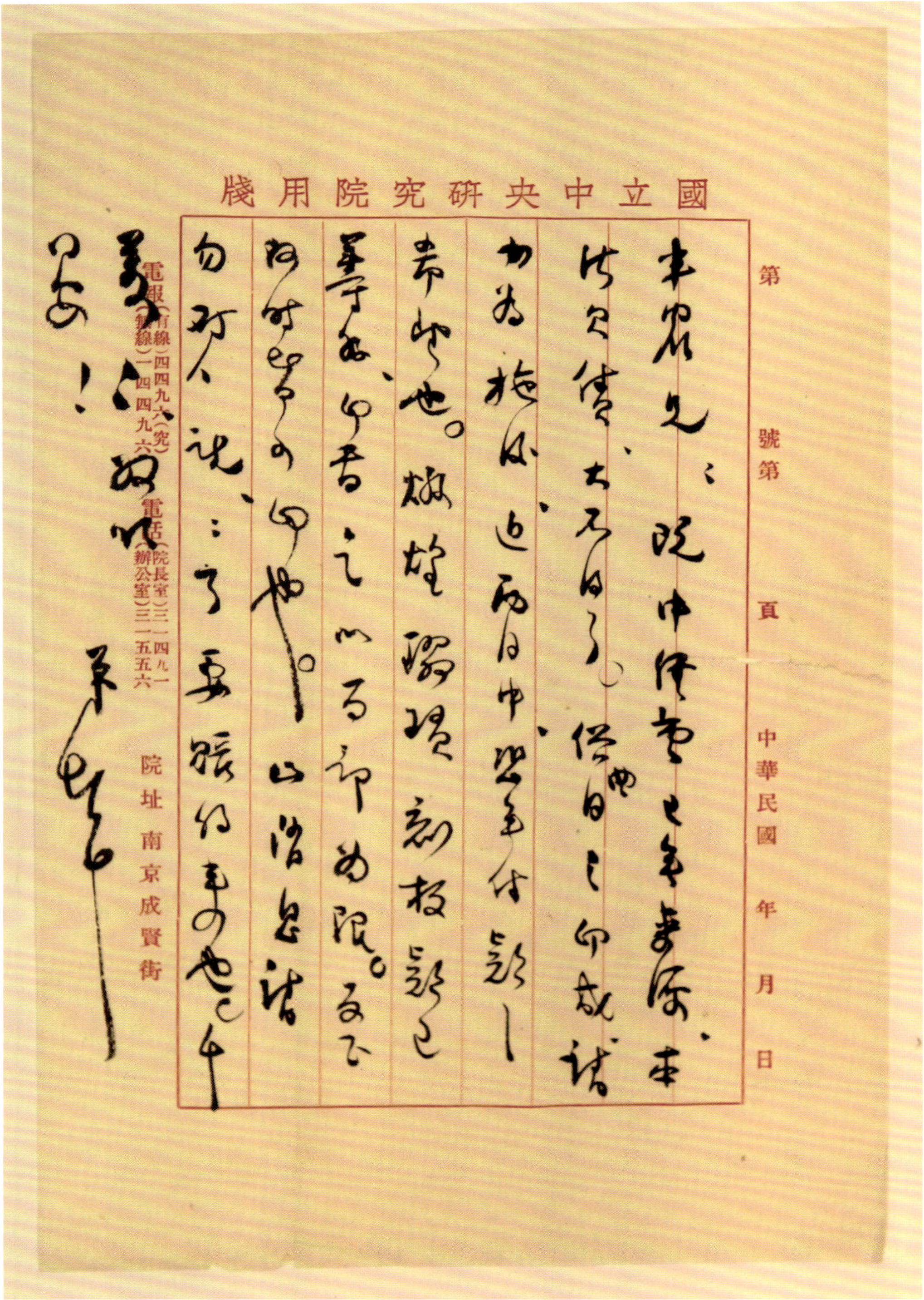

國立中央研究院用牋

第　　號第　　頁

中華民國　　年　　月　　日

電報（有線）四四九六（究）（無線）一四四九六　電話（院長室）三一四九一（辦公室）三一五五六

院址　南京成賢街

2. 傅斯年致刘半农信札　民国时期

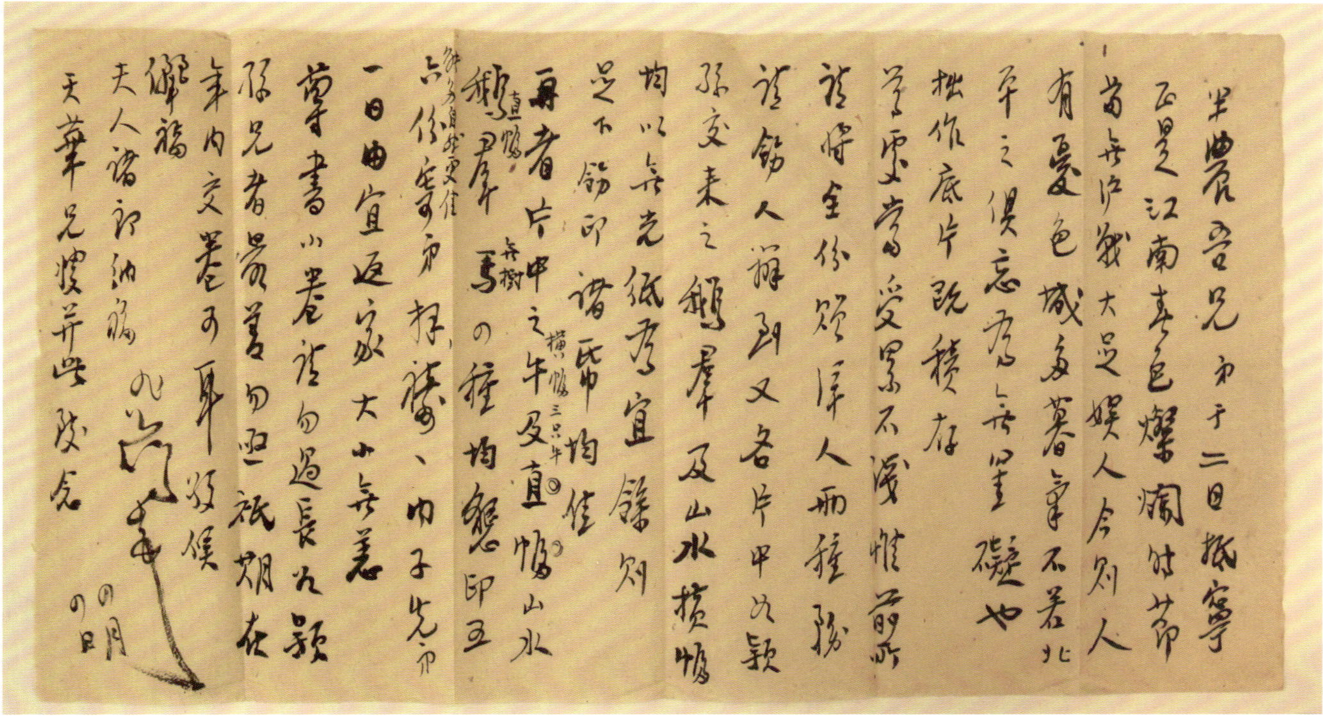

3. 徐悲鸿致刘半农信札　民国二十一年（1932）

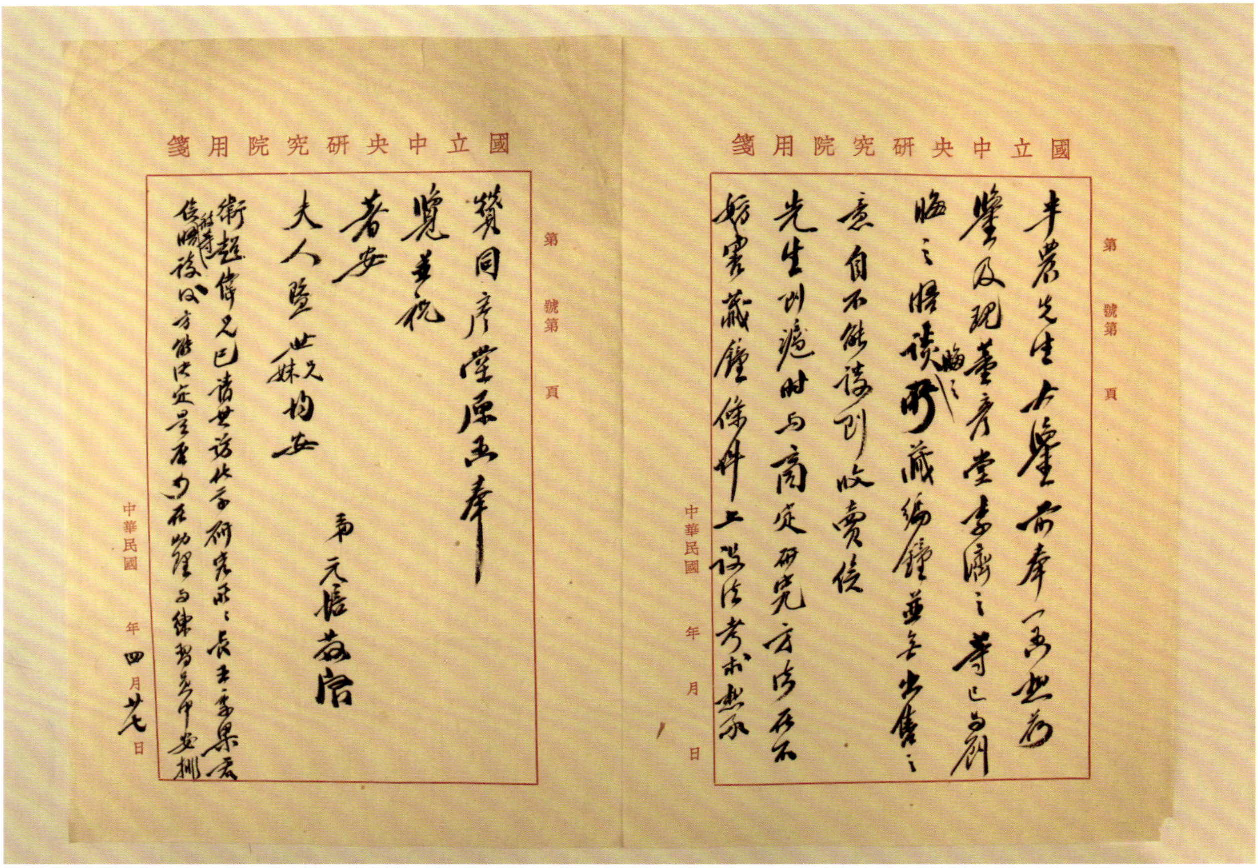

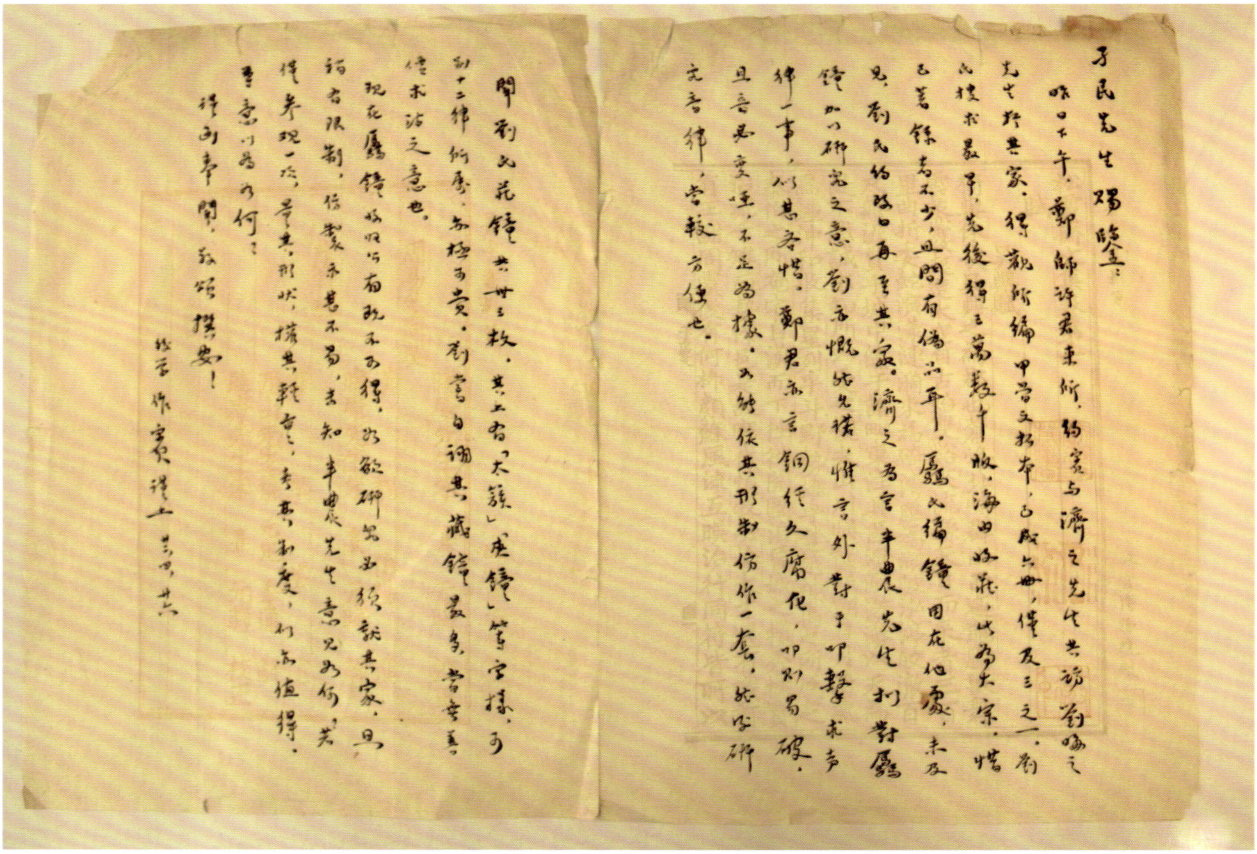

4. 蔡元培致刘半农信札　民国二十二年（1933）（附件：董作宾致蔡元培信札）

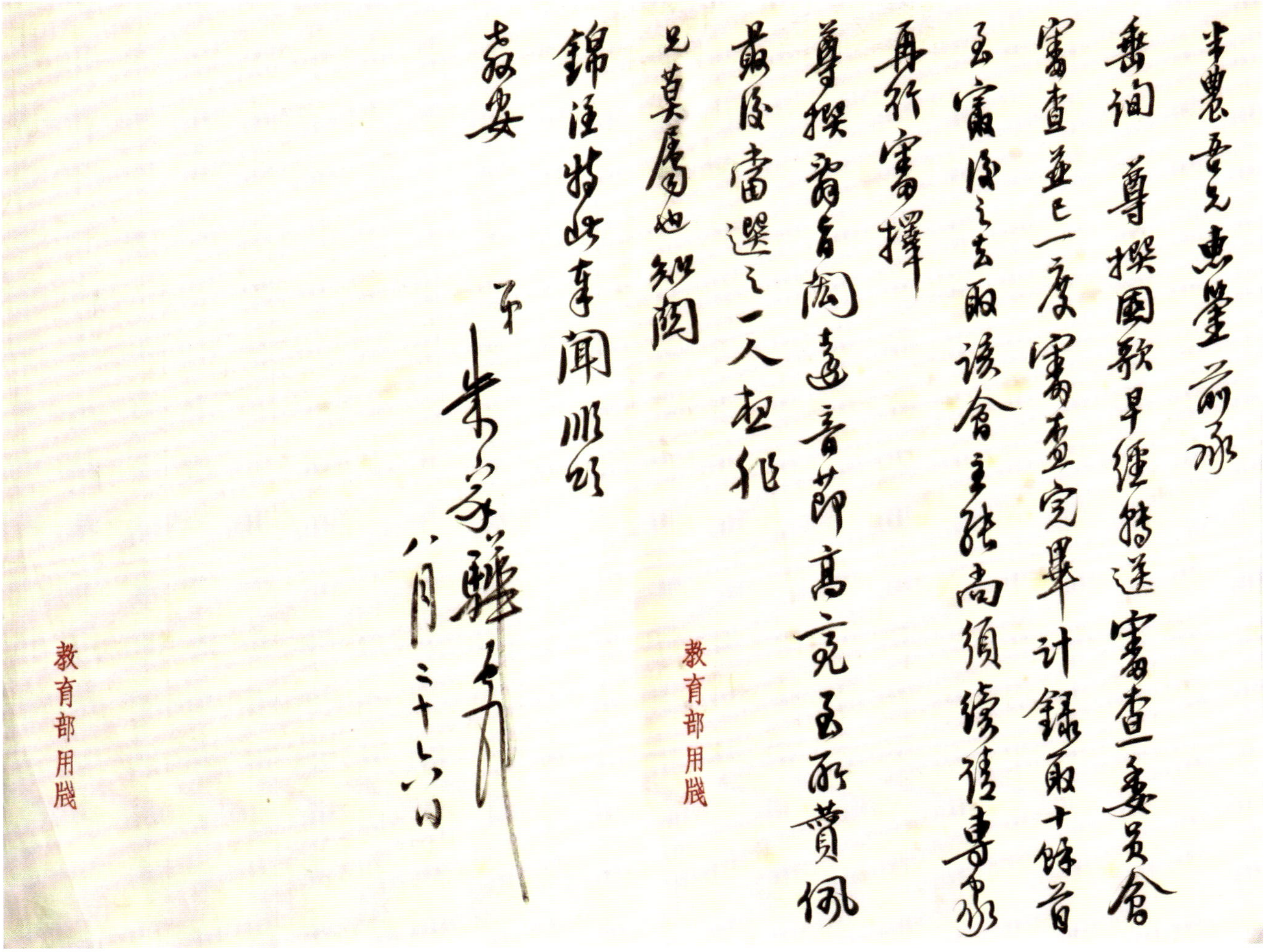
半農吾兄惠鑒 前承
垂詢 尊撰國歌早經轉送審查委員會
審查並已一度審查完畢計錄取十餘首
至審議之去取該會主張尚須續請專家
再行審擇
尊撰詞旨閎遠音節高亮至所贊佩
最後當選之一人想非
足下莫屬也 知關
錦注特此奉聞 順頌
撰安
弟 朱家驊 八月二十六日
教育部用箋
教育部用箋

5. 朱家骅致刘半农信札　民国二十一年（1932）

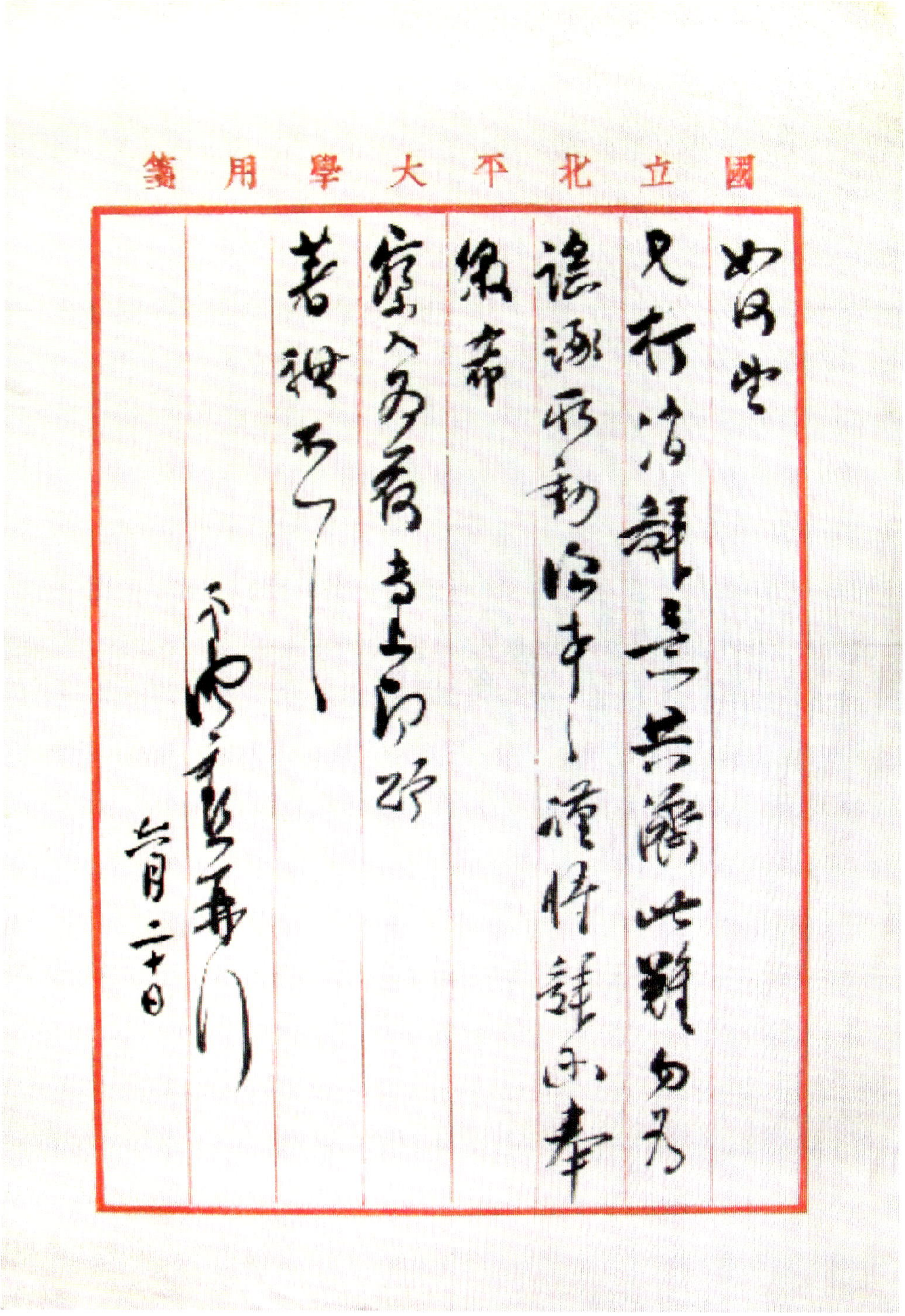

6. 沈尹默致刘半农信札　民国二十年（1931）

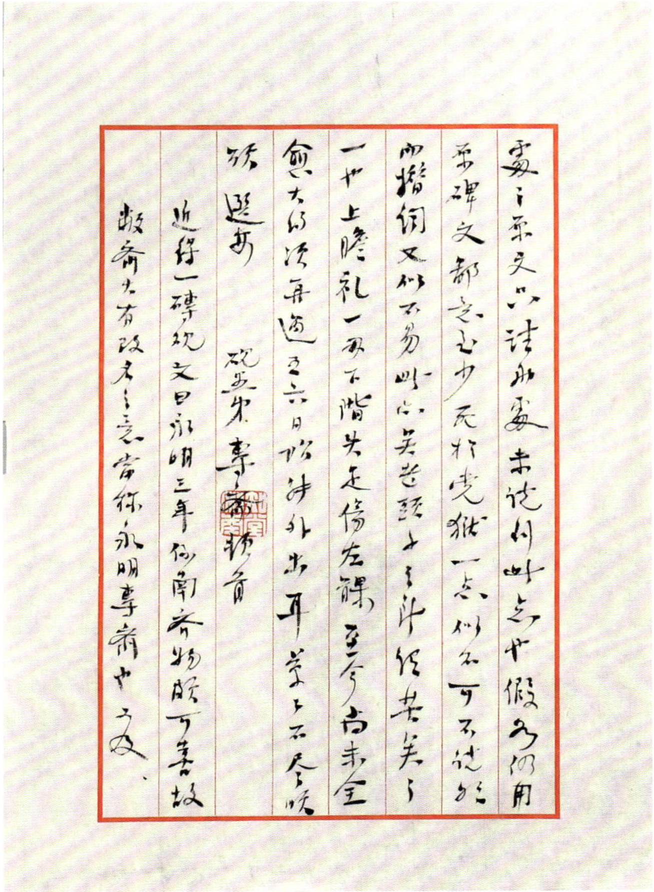

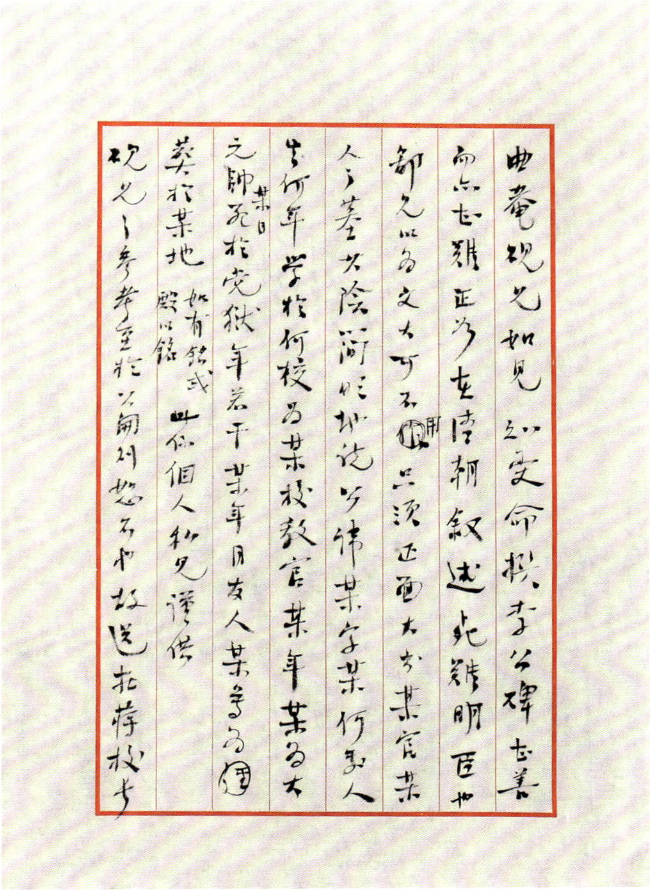

7. 周作人致刘半农信札　民国二十二年（1933）

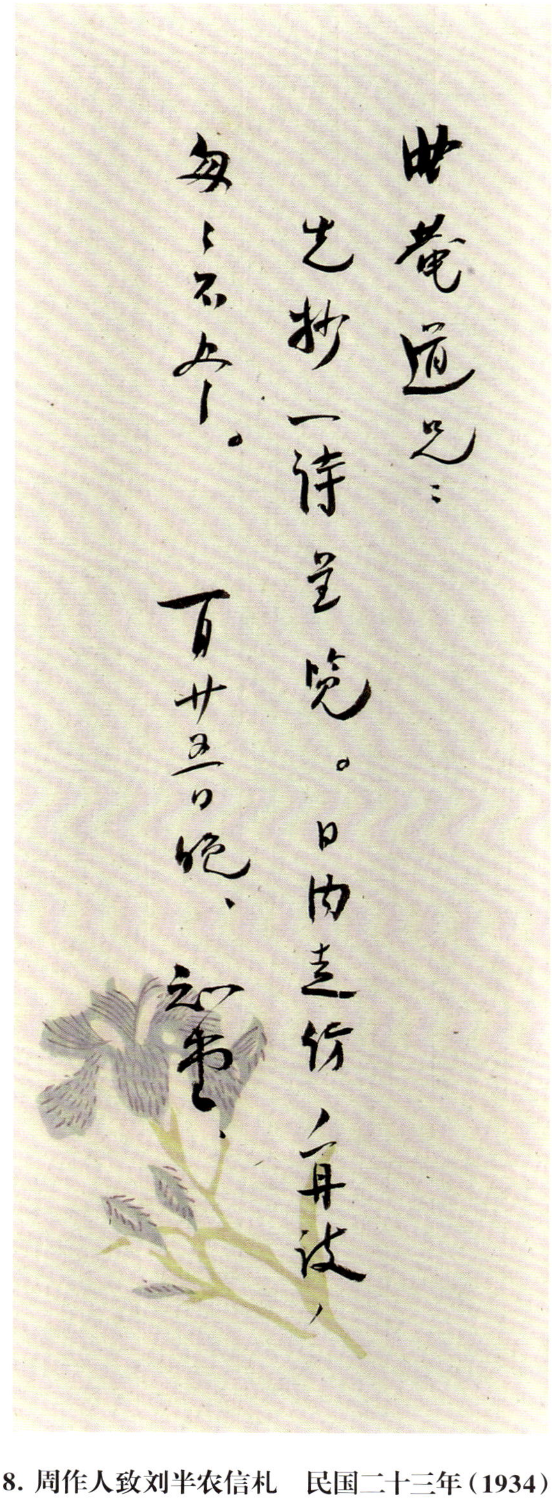

8. 周作人致刘半农信札　民国二十三年（1934）

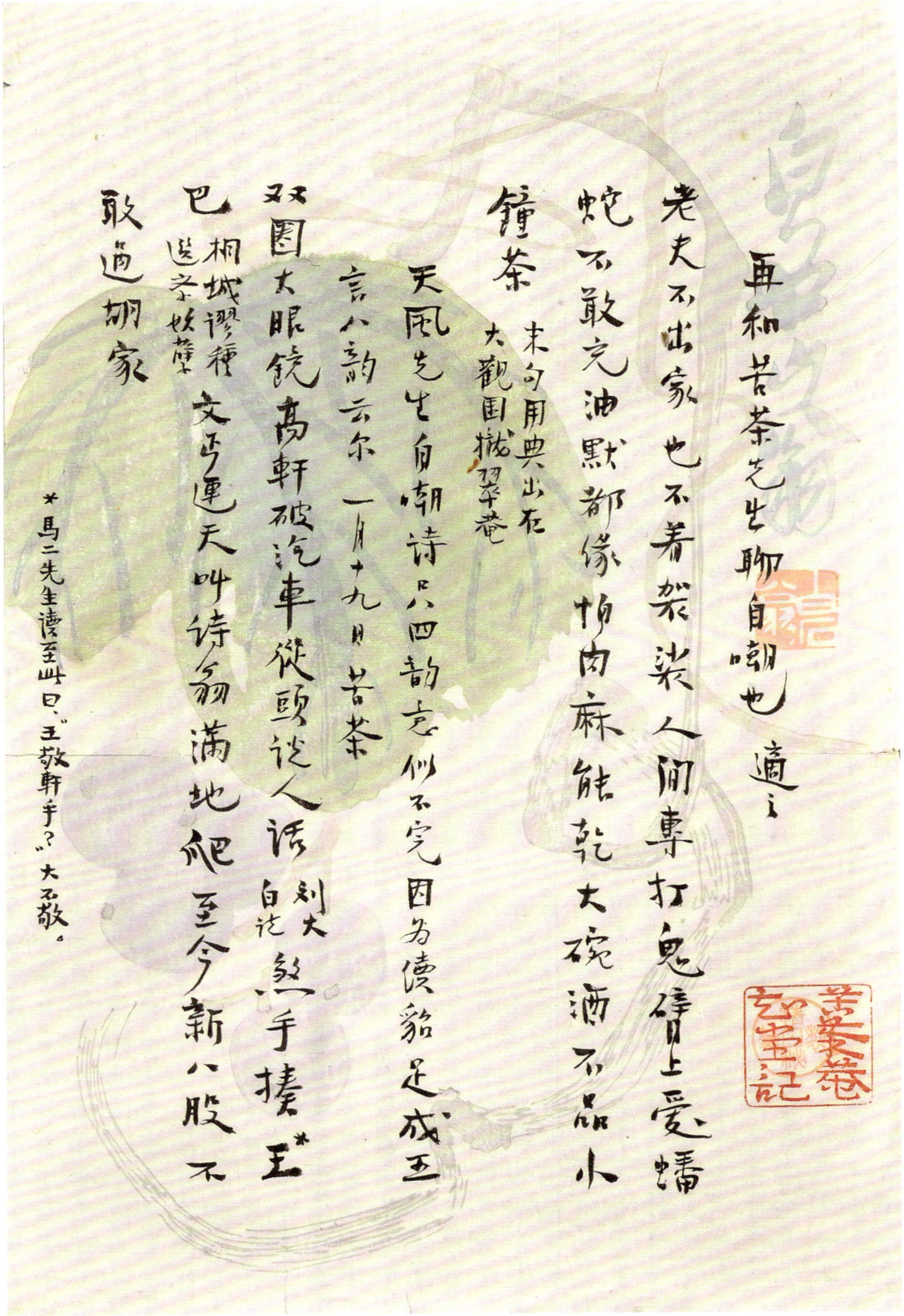
再和苦茶先生聊自嘲也 適之

老夫不出家也不着袈裟 人間專打鬼 臂上愛蟠蛇 不敢充油默 都緣怕肉麻 能乾大碗酒 不品小鐘茶 末句用典出在大觀園櫳翠庵

天風先生自嘲詩只四韵 意似不完 因為續貂足成五言八韵云尔 一月十九日 苦茶

双圓大眼鏡 高軒破汽車 從頭説人話（劉大白）煞手揍王*巴（桐城謬種 選学妖孽） 文丐運天叫 詩翁滿地爬 至今新八股 不敢過胡家

*馬二先生讀至此曰，王敬軒乎？大不敬。

9. 林森题“忠信勤俭”匾额　民国时期

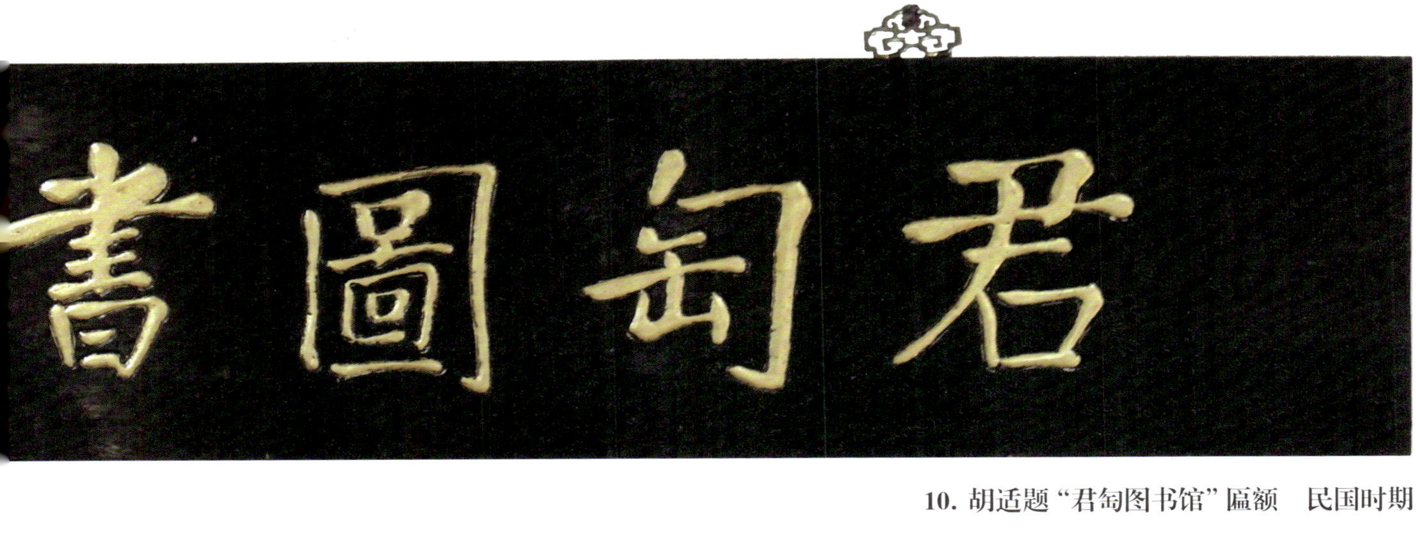

10. 胡适题“君匋图书馆”匾额　民国时期

四、地方史文物

悠悠地域文化源远
绵绵人文思想流长

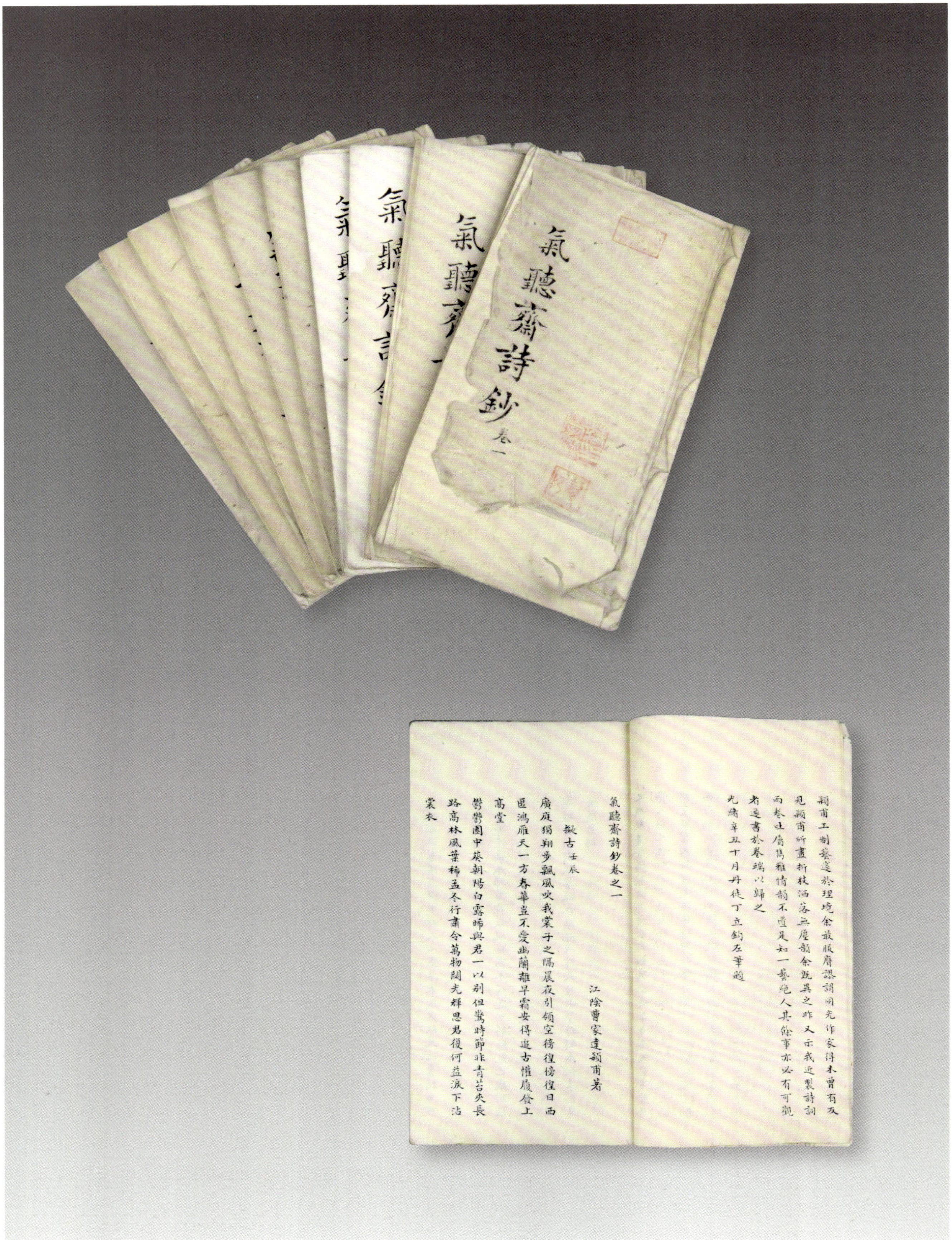

1. 曹颖甫著《气听斋诗钞》　清代

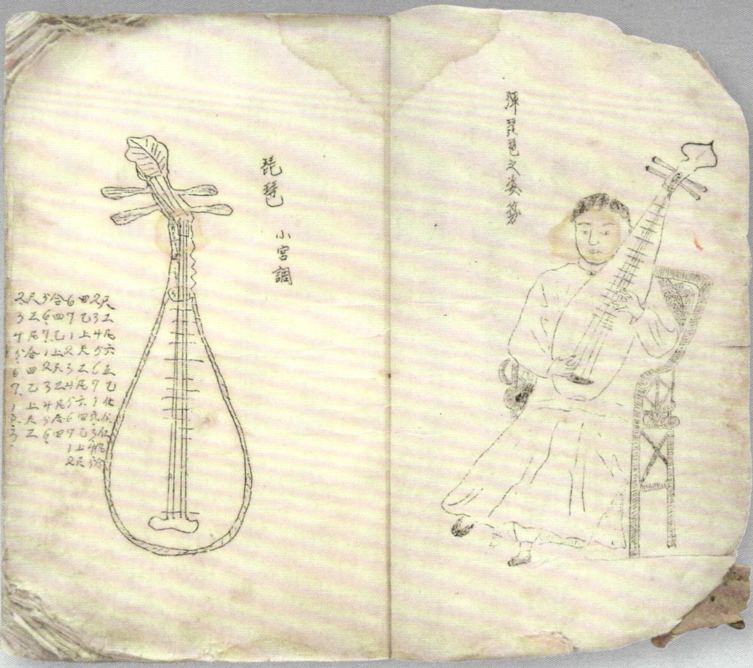

2. 周少梅编《国乐谱》　民国二十四年（1935）

3. 王泮题款、蔡澍补款《朝阳关》碑额　明嘉靖癸未年（1523）

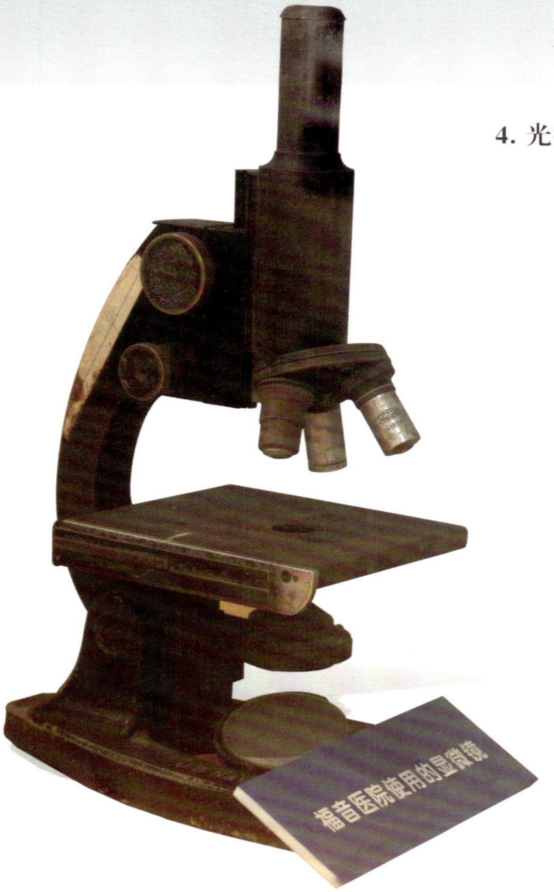

4. 光绪《福音医院》碑　清代　（附：福音医院使用的显微镜）

5. 长方形铭文城砖　明代

6. 十字碑拓片　近代

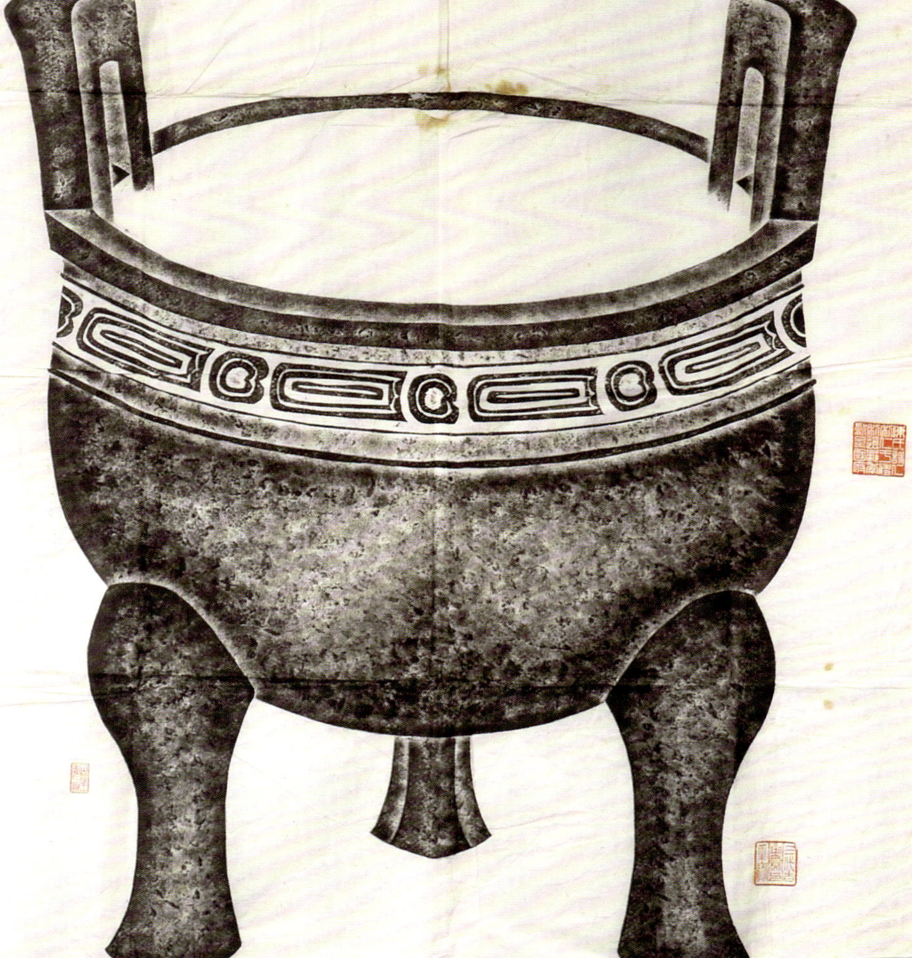

7. 王秀仁拓“毛公鼎”拓片　3张　民国时期

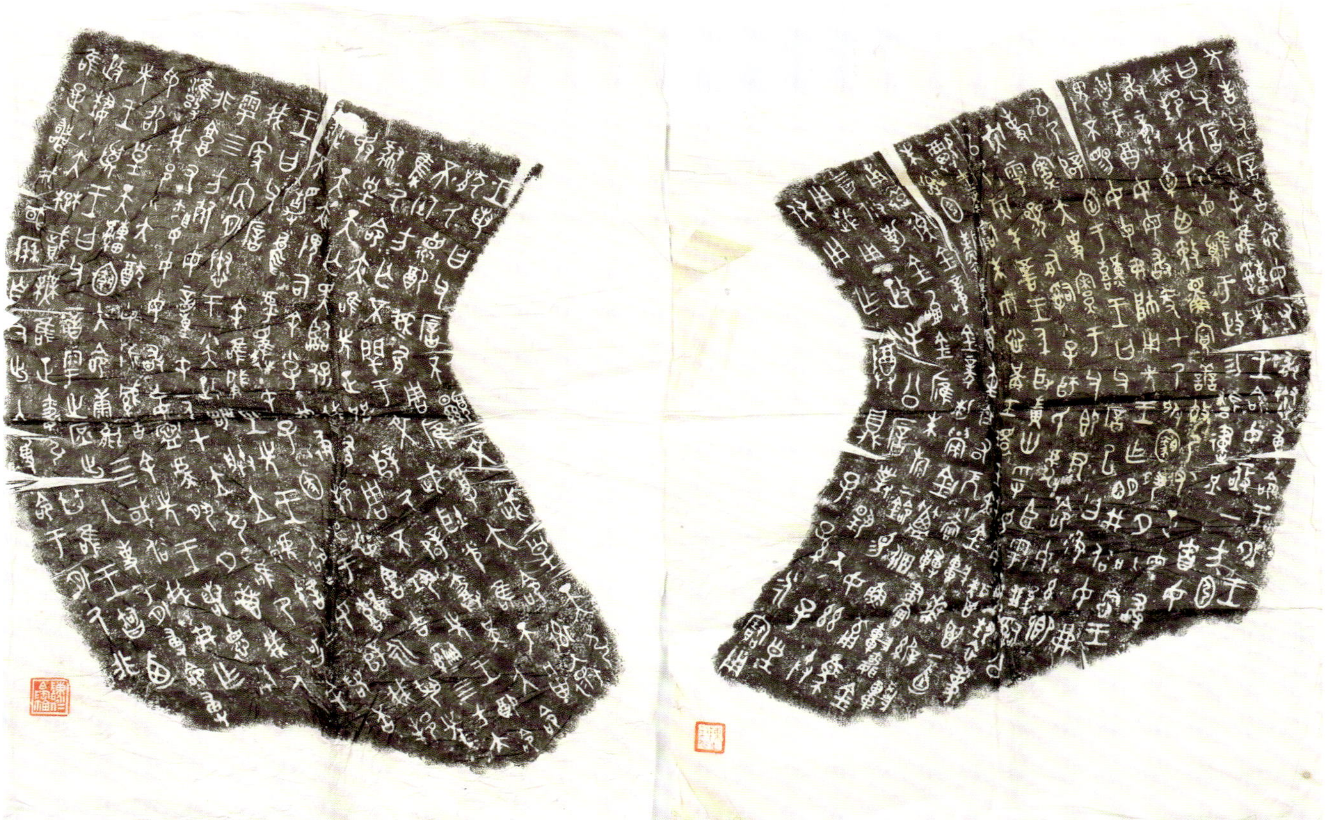

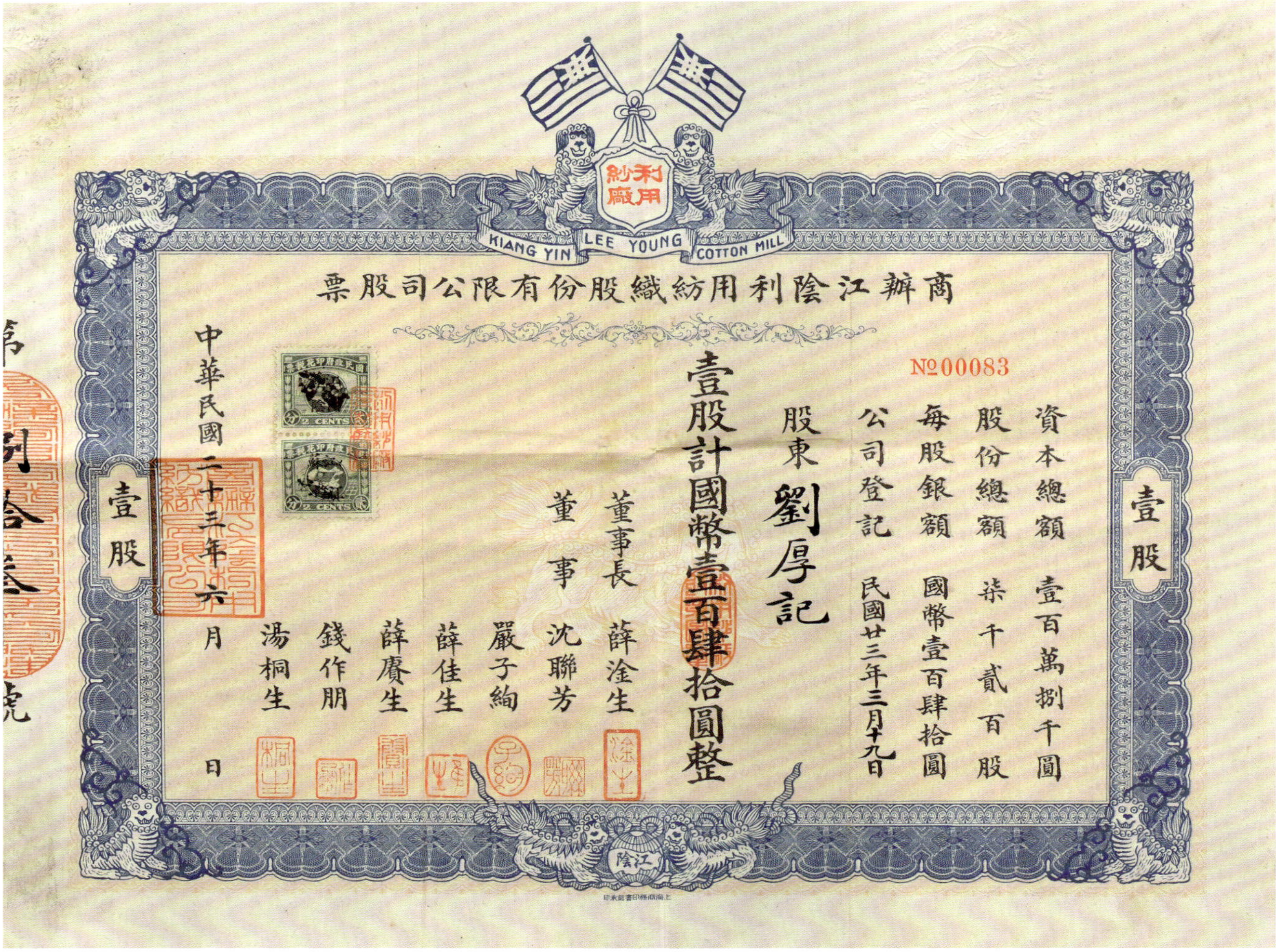

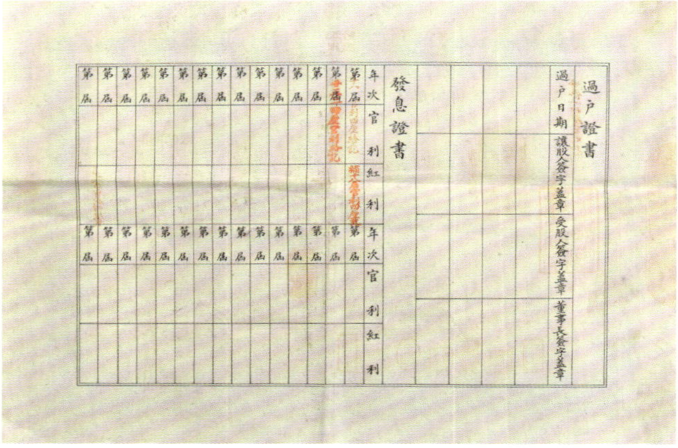

8. 商办江阴利用纺织股份有限公司股票　民国二十三年（1934）

9. 圜底锥足双柱式铭文铜爵　清顺治十一年（1654）

10. 江阴县校准官木斛　清嘉庆六年（1801）

11. 唤起钟　民国十九年（1930）

五、窖藏文物

江阴市山观镇宋元金银器窖藏

江阴市北涸镇（今属江阴市顾山镇）

清代印章窖藏

江阴市山观镇
宋元金银器窖藏

1. 银鎏金七花头梁式发簪　2件　宋元

2. 银鎏金五花头梁式发簪　2件　宋元

3. 银鎏金三花头梁式发簪　2件　宋元

4. 银鎏金双花头梁式发簪　2件　宋元

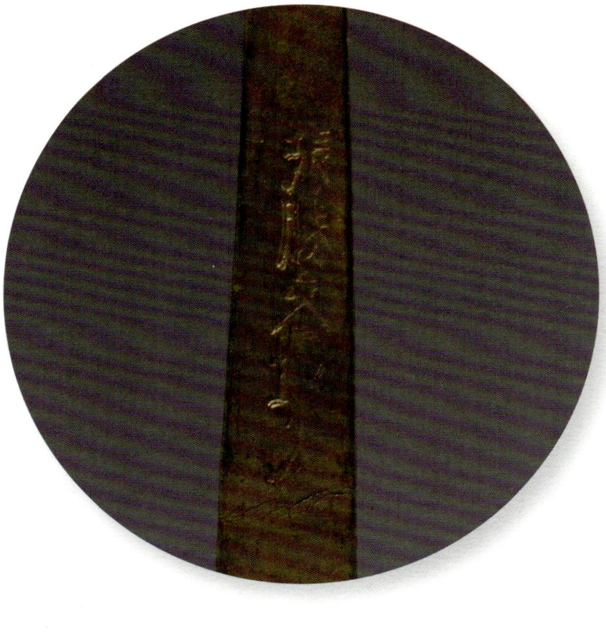

5. 银鎏金并头式筒形发簪　宋元

6. 银鎏金单筒式发簪　2件　宋元

7. 银鎏金花头簪　宋元

8. 银鎏金并头式葵花飞鸟纹发簪　宋元

9. 银鎏金花鸟纹花头簪　宋元

10. 银鎏金花头簪　宋元

11. 银鎏金凤凰牡丹纹篦首　宋元

12. 银鎏金葵花纹簪首　宋元

13. 银鎏金荔枝桃花纹发簪、石榴桃花纹耳环　宋元

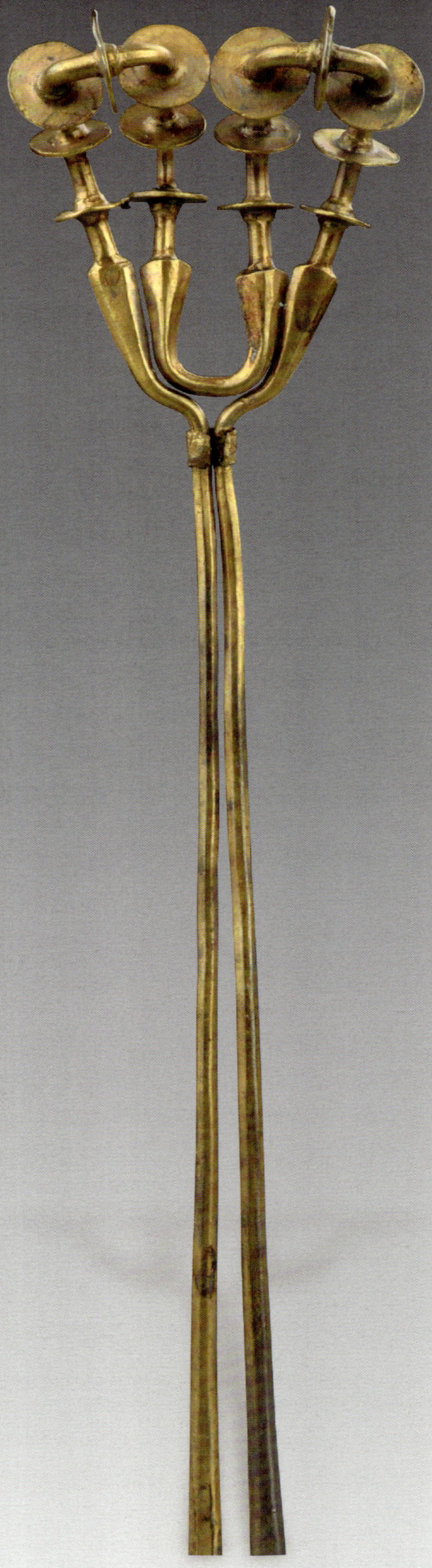

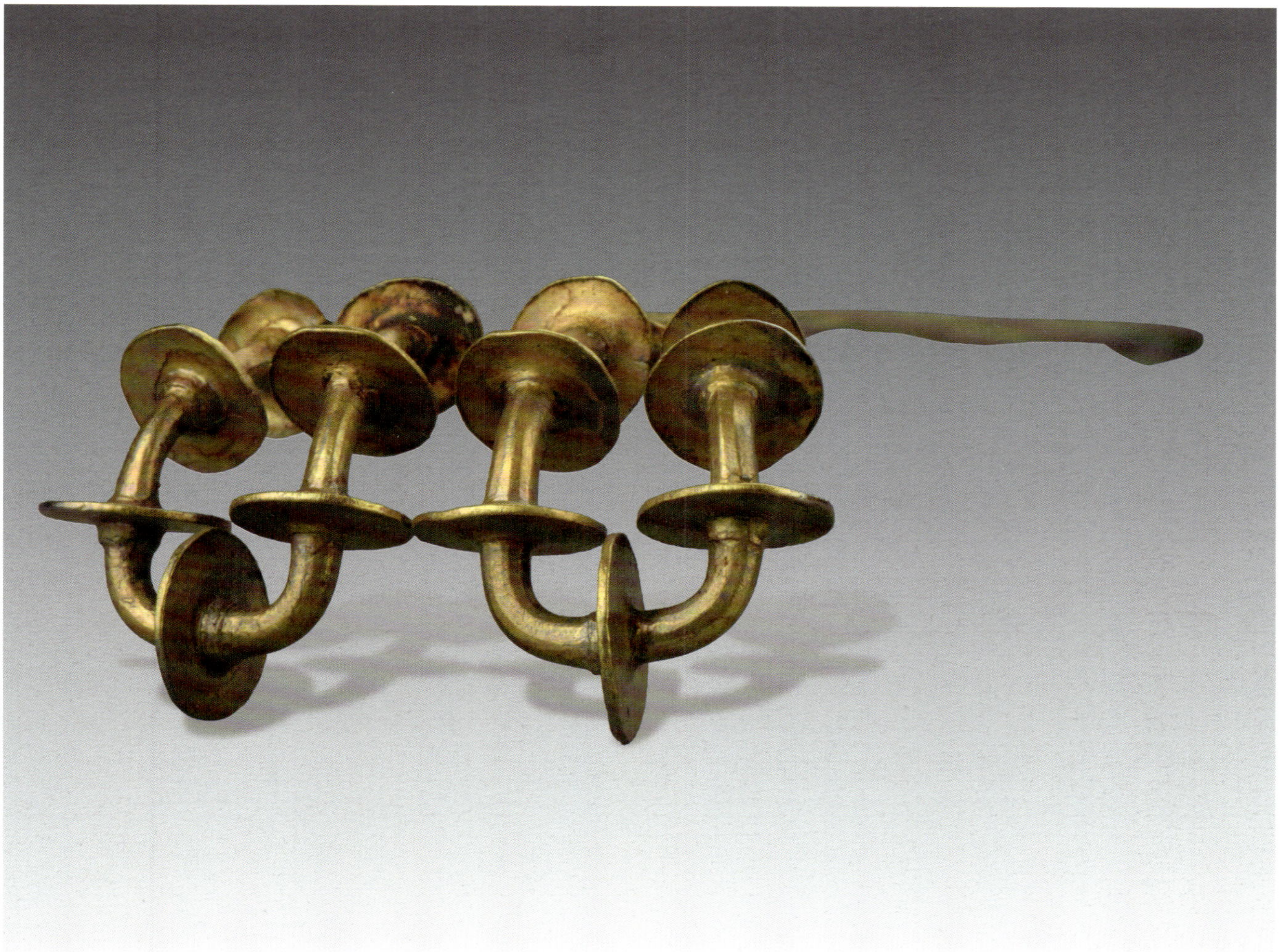

14. 银鎏金发钗　宋元

15. 银鎏金并头式对鸟纹钗形簪　宋元

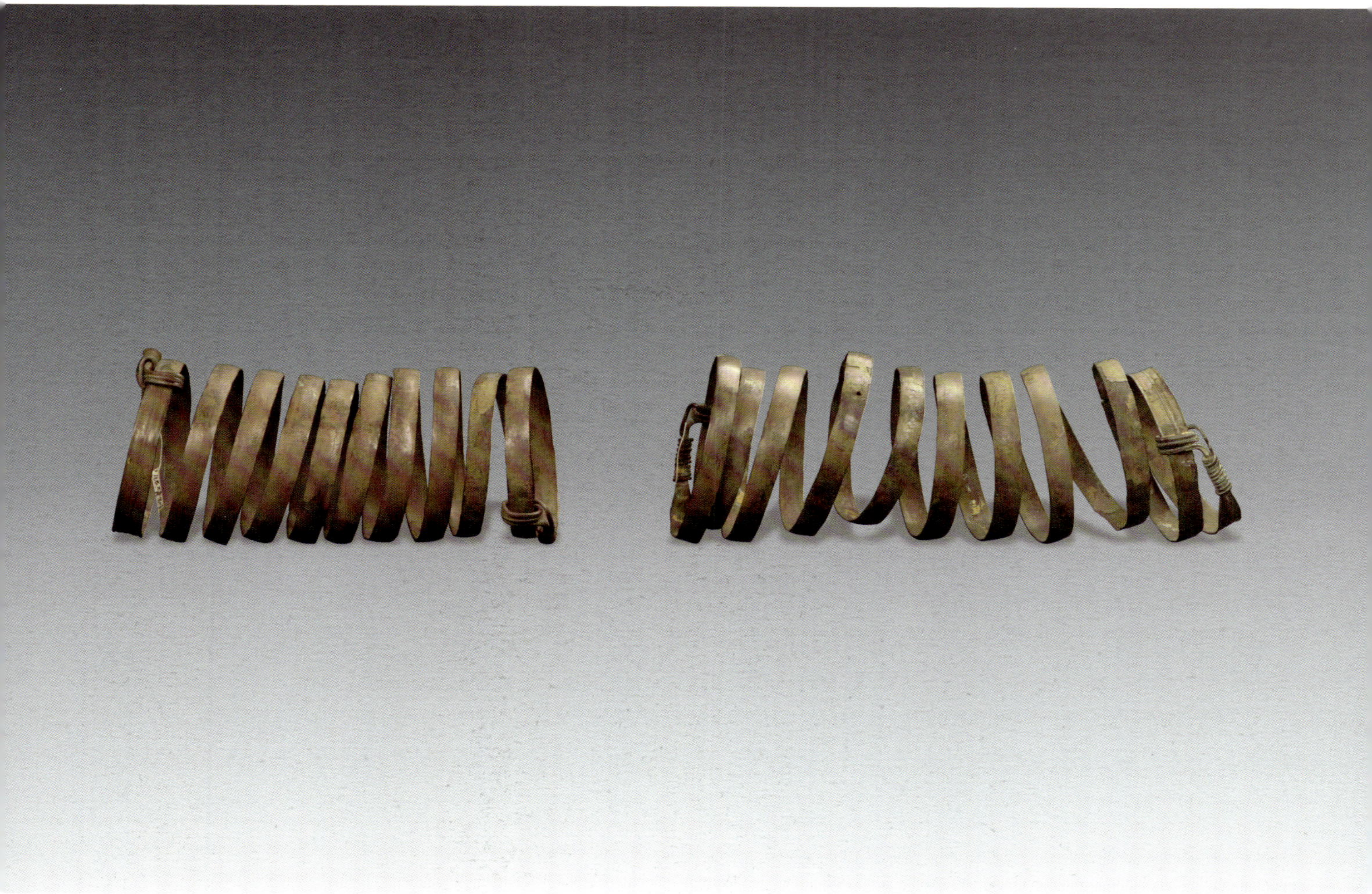

16. 银臂钏　2件　宋元

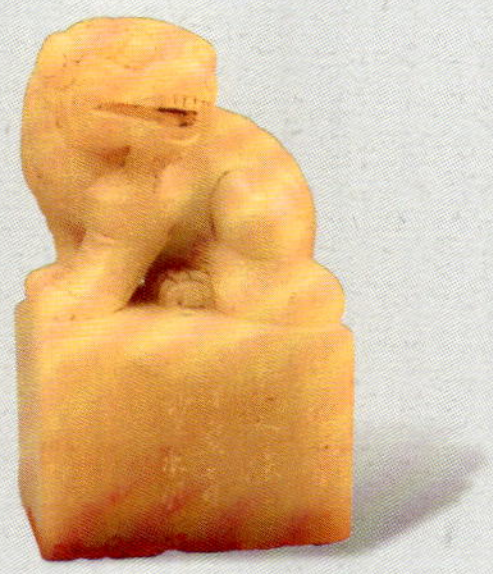

江阴市北涸镇（今属江阴市顾山镇）清代印章窖藏

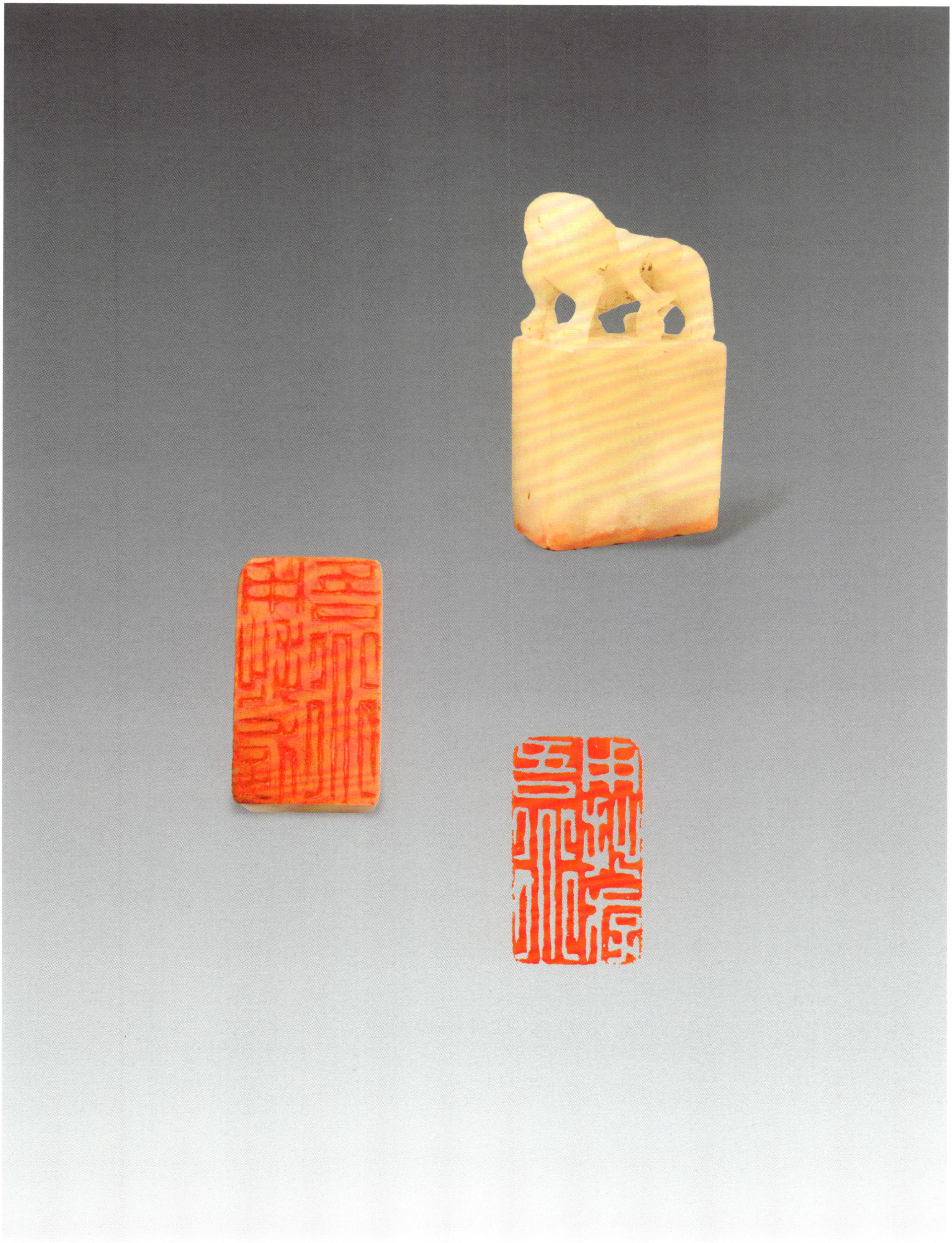

1. “用拙成吾道”石质印章

2.“存君子心，行丈夫事”石质印章

3. “百花丛里裼裘来”石质印章

4.“春草闲情”石质印章

5. “生与研为邻” 石质印章

6.“黄山樵客”石质印章

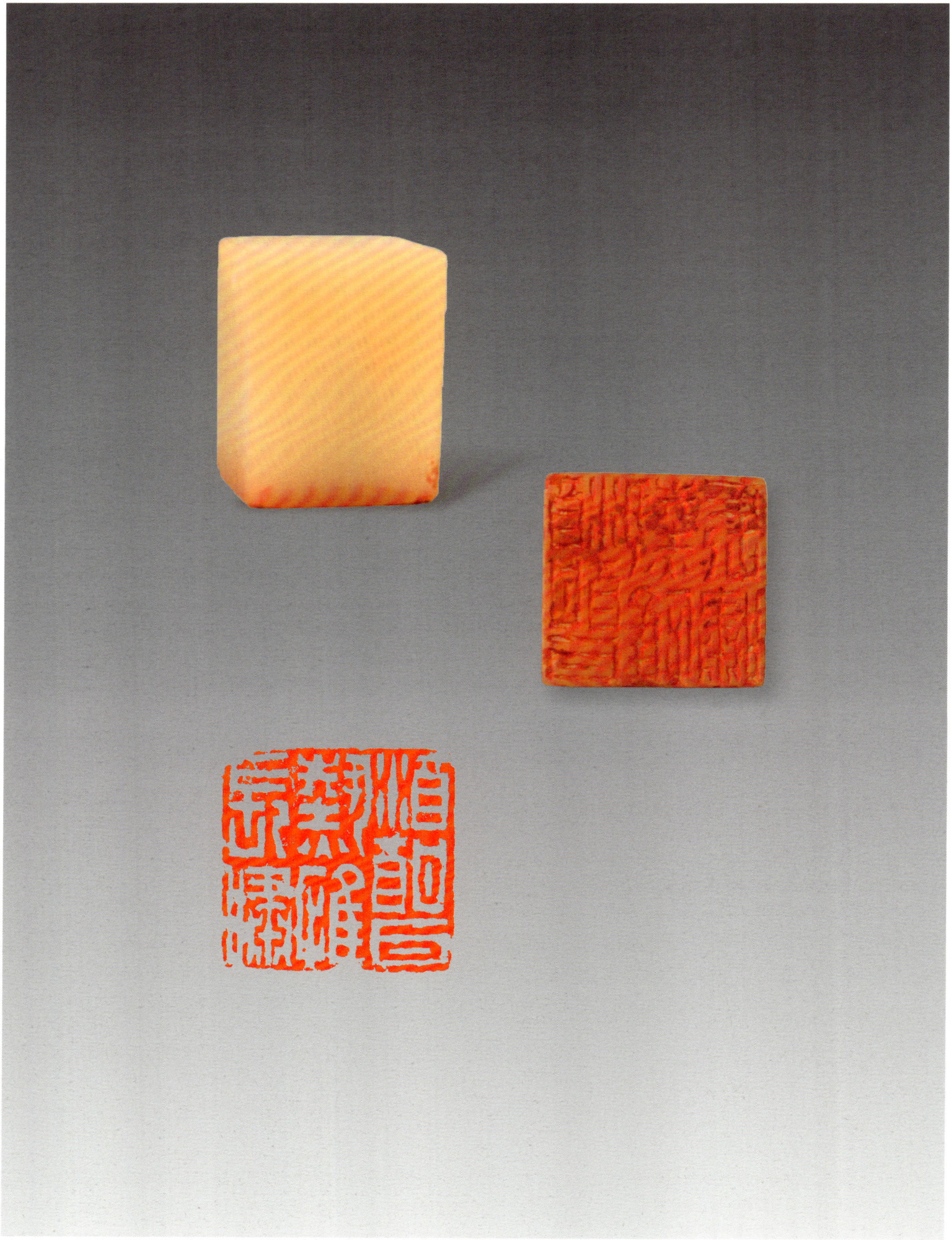

7.“酒酣耳热惟长啸”石质印章

8. “上沙涧上人家” 石质印章

9. "吴趋"瓷质印章

10. “王氏金石” 石质印章

11. 钱侗制“吴江郭麐祥伯”石质印章

12. 杨瀚制“癖印书生”石质印章

13. 王应绶制“百花盦”石质印章

14. 赵之琛制“身依堂上衰年母，日补人闲未读书”石质印章

15. 赵之琛制“味雪吟钤”石质印章

16. 赵之琛制“清溪半枕”石质印章

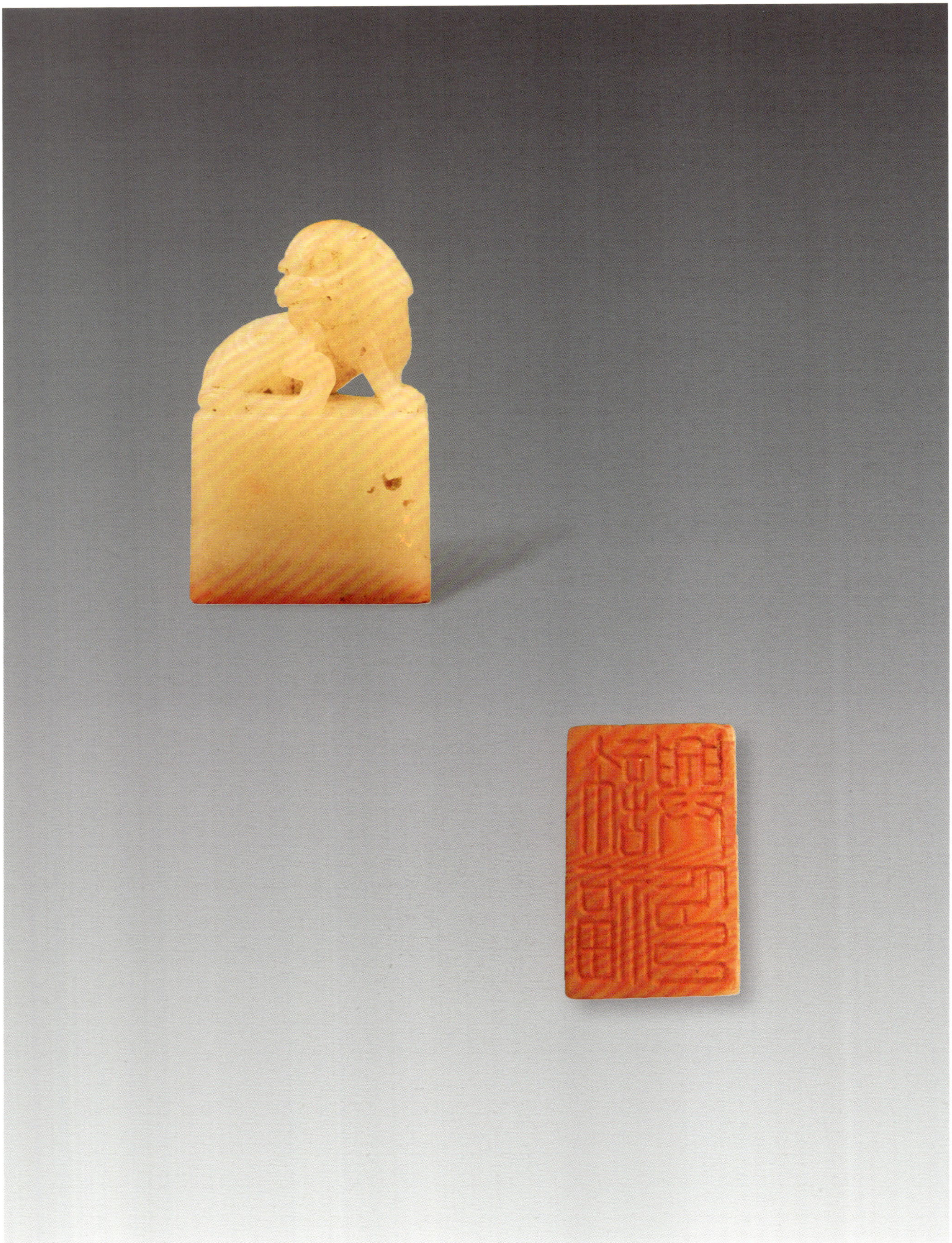

17. 赵之琛制“许福兴印”石质印章

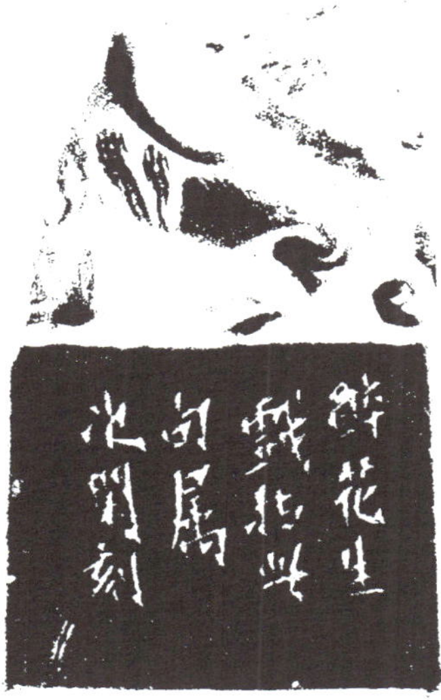

朝混一區宇母子同還故墟處士亦能自成立墾葺荒穢産業復其舊洪武
以行義聞旌其門曰貞節詳載
國史中洪武廿一年以壽終越廿一年處士卒處士生於元至正戊子七月三
至是年六十四歲矣凡兩娶先配常熟鄒氏繼配無錫楊氏咸有婦道俱先卒
五天長即賢娶許氏次良娶范氏方娶鄒氏皆鄒出也貞先卒娶李氏亨娶張
二人孟姬適趙淮仲姬適鄒湜皆楊出也孫男六人昱娶錢氏晟娶華氏昂昊
女五人曾孫男一人瓚皆幼卜以永樂十年二月二十七日從塟於本里祖墳
士生故家早失所怙生有至性弱不好弄遵賢母之訓克致卓立故能中廢復
事其親者尤為盡其孝建萱壽堂以為奉甘旨之所每夫人歿持喪哀毀如禮
盡誠敬好讀書尚古道作詩清麗有法立三近齋以延師教子禮敬士大夫作
樓諸軒以款接賓客晚更號雲洲逸以家事分屬諸子日與儒醫方外諸友焚
奕棋賦詩觴詠倡酬以自娛樂不復以世累嬰心明於醫藥鍼灸之術恒以救
疾苦樂施予周急赴義若飢渴不閒家有無益其天性然也人故以有道期之
早喪父母黏於他姻不能歸處士展轉求之以還俾奉其父母祭祀外姑強氏
謫戍雲南處士時遣人致資給不絶卒求還以養之他事多類此治家嚴整
斬無閒言篤親故見義以至佃僕僮奴輩亦曲盡周恤情意惜其未受高壽而
聞者識與不識咸痛悼之可謂一鄉之善士矣是宜銘銘曰
君山峩峩練江澄澄爰有德人拜邑之貞早失所怙母教是承生有至性豈量
巍自立中廢復興事親思孝奉祭思誠接交以敬待物以弘睦族有義撫下有
備具衆口同稱中壽而歿天乎曷憑生為善人歿有令名死而不亡是實宜銘

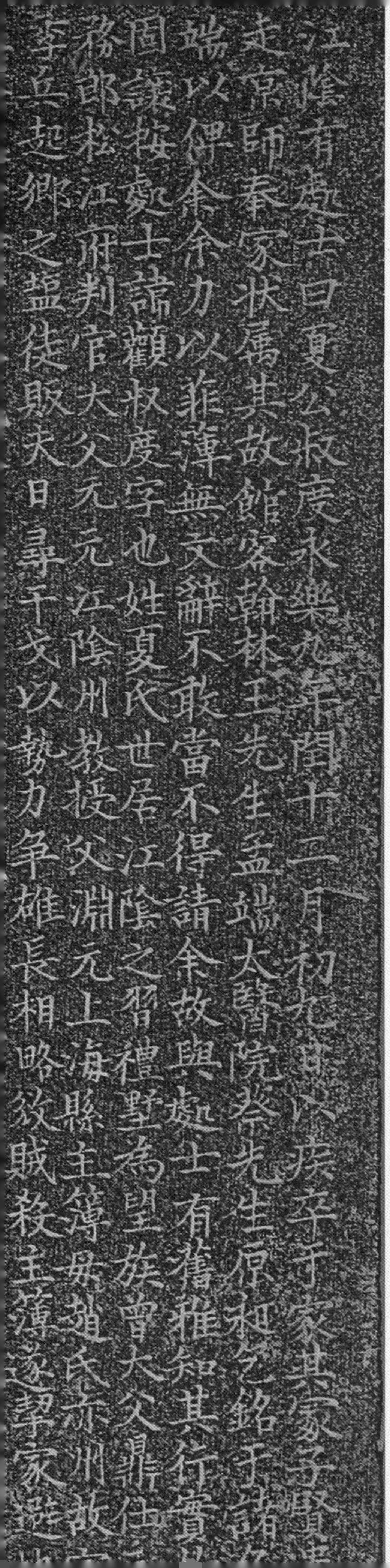

六、墓葬文物

江阴市长泾镇明代夏覲墓出土文物

医疗器械

墓志铭及其他随葬器物

医疗器械

1. 铁质柳叶形手术刀

2. 铁质平刃手术刀

3. 牛角柄铁质圆针　2把

4. 木质医针

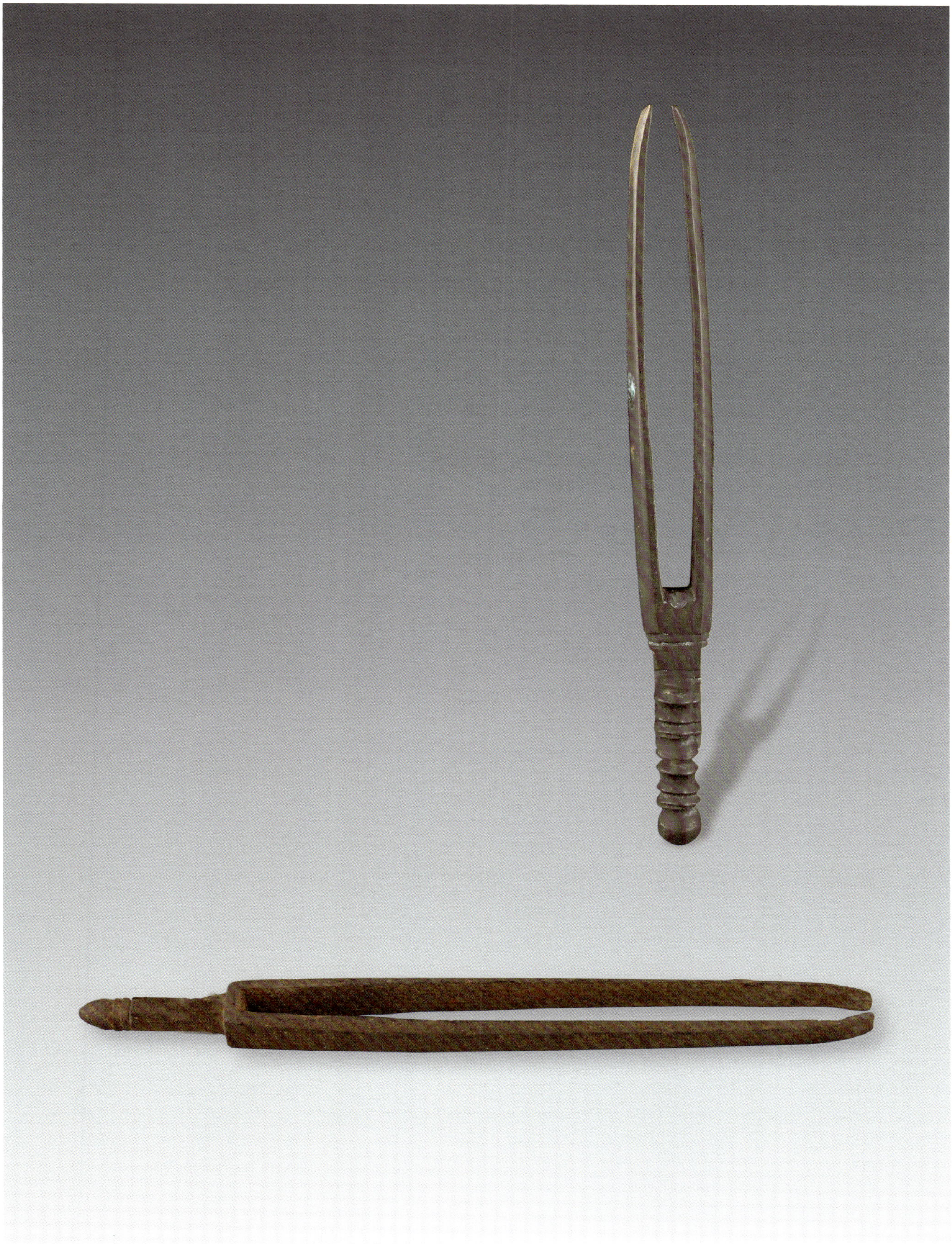

5. 金属镊子　2把

6. 铁质小剪刀　2把

7. 白釉冰裂纹四眼瓷熏罐

8. 霁蓝釉双系淋洗瓷壶

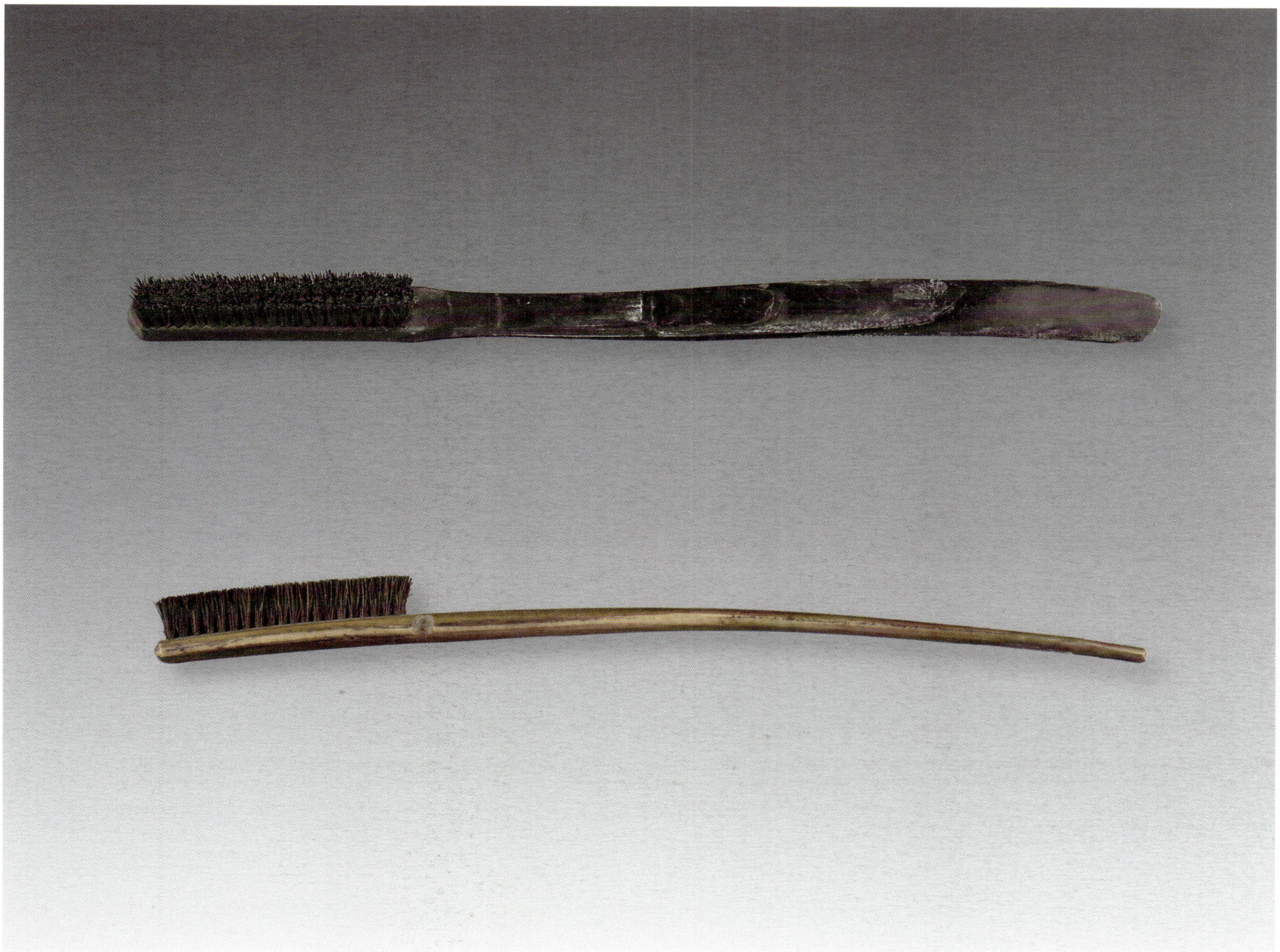

9. 猪鬃毛穿牛角柄药刷子　2把

10. 木质药罐　2只

墓志铭
及其他随葬器物

1. 绿釉瓷茶壶

2. 竹竿质地毛笔（带笔帽）

3. 各色残墨

4. 砖砚

5. 双陆棋

6. 象棋

7. 围棋

8. 灯盏和灯扦

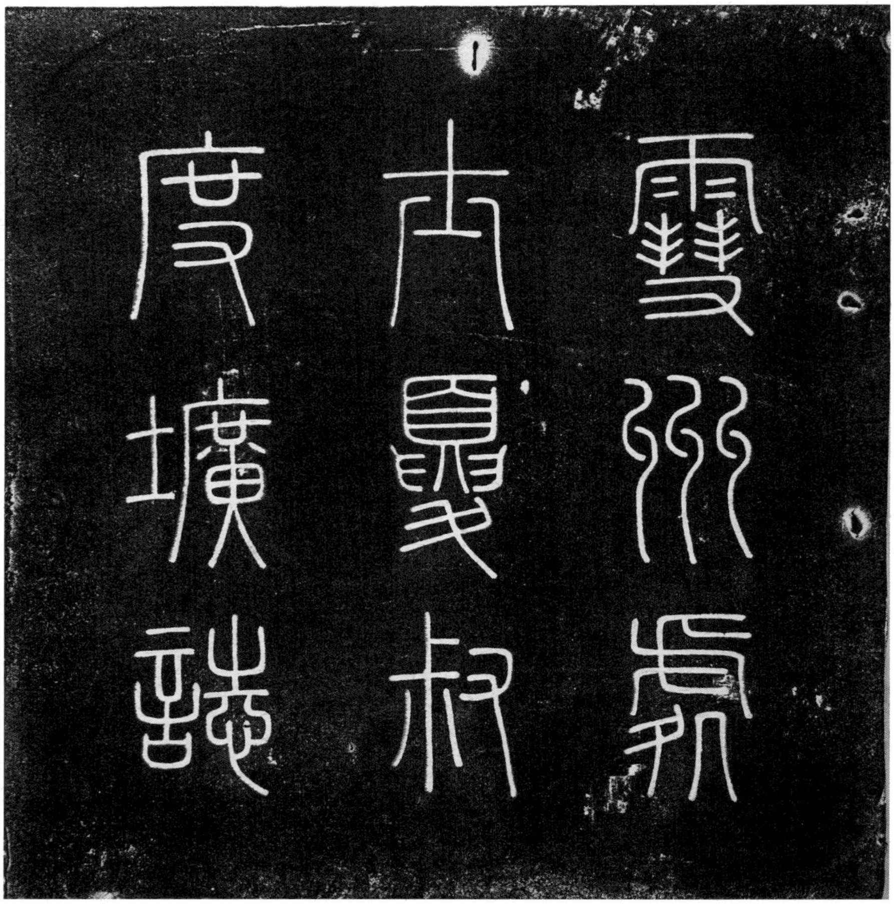

9. 墓志铭　2方

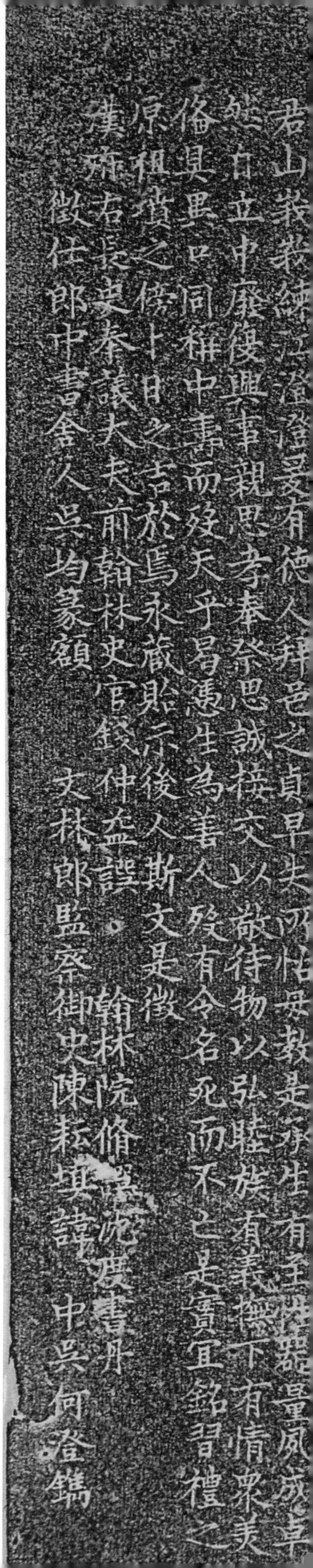

江陰有處士曰夏公叔度永樂九年閏十二月初九以疾卒于家其冢子賢遣介以
走京師奉家狀屬其故館客翰林王先生孟端太醫院戴先生原禮乞銘于諸名公孟
端以俾余余力以菲薄無文辭不敢當不得請余故與處士有舊雅知其行實故不敢
固讓按處士諱觀叔度字也姓夏氏世居江陰之習禮墅為望族曾大父鼎仕元為承
務郎松江府判官大父元元江陰州教授父淵元上海縣主簿母趙氏亦州故家值元
季兵起鄉之盜徒販夫日尋干戈以勢力爭雄長相略殺賊殺主簿遂挈家避地吳中
尋卒處士時甫五歲趙夫人亦方二十八歲以節義自持誓不易志鬻粧具自給鞠躬
盡瘁以教育其孫煢煢相依備歷困苦迨入
大朝混一區宇母子同還故墟處士亦能自成立墾葺荒穢產業既復其舊洪武間有司
以行義聞
詔旌其門曰貞節詳載
國史中洪武廿二年以壽終越廿二年處士卒生於元至正戊子七月二十六日
至是年六十四歲矣凡兩娶先配常熟鄒氏繼配無錫楊氏咸有婦道俱先卒丈夫子
五人長即賢娶許氏次良娶范氏方娶鄒氏皆鄒出也貞先卒娶李氏吉娶張氏女子
二人孟姬適趙准仲姬適鄒湜皆楊出也孫男六人昱娶錢氏晟娶華氏昂旻昌暠孫
女五人曾孫男一人璿皆幼卜以永樂十年二月二十七日從葬於本里祖墳之次處
士生故家早失所怙生有至性弱不好弄遵賢母之訓克致卓立故能中廢復振所以
事其親者尤為盡其孝建壽堂以為奉甘旨之所母夫人歿持喪哀毀如禮祭祀必
盡誠敬好讀書尚古道作詩清麗有法立三近齋以延師教子禮敬士大夫作傳雲巷
樓諸軒以款接賓客晚更號雲洲遯以家事分屬諸子日與儒醫方外諸友焚香鼓琴
奕棋賦詩觴詠倡酬以自娛樂不復以世累嬰心明於醫藥鍼灸之術恒以救人危篤
疾尤樂施予周急赴義若飢渴不問家有無蓋其天性然也人故以有道期之從求服
早喪父母煢於他鄉不能歸處士展轉求之以還俾奉其父母祭祀外姑強氏從其子
謫戍雲南處士時遣人致資給不絕卒求還以養之他事多類此治家莊嚴整中外斬

文物简介

一、忠义文化文物

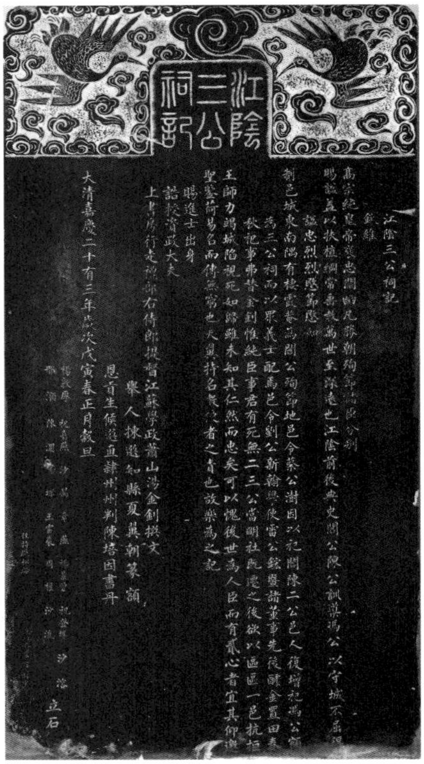

1. 汤金钊撰《江阴三公祠记》碑

清嘉庆二十三年（1818）

通高155厘米　宽79厘米

楷书　青石质

江阴市博物馆藏品

释文：

江阴三公祠记

钦维。

高宗纯皇帝褒忠阐幽，凡胜朝殉节诸臣分别赐谥。盖以扶植纲常、垂教万世至深远也。江阴前后典史阎公、陈公，训导冯公，以守城不屈得谥忠烈、烈愍、节愍。如制邑城东南隅有栖霞庵，为阎公殉节地，邑令蔡公澍因以祀阎、陈二公，邑人复增祀冯公。额为三公祠，而以众义士配焉。邑令刘公新翰、学史雷公铉，暨诸董事先后醵金置田，春秋祀事弗替。金钊惟纯臣，事君有死无二。三公当明社既迁之后，欲以区区一邑抗拒王师，力竭城陷，视死如归，虽未知其仁然而忠矣。可以愧后世为人臣而有贰心者，宜其仰邀圣鉴，荷易名而传无穷也。夫翼持名教使者之责也，故乐为之记。

赐进士出身，诰授资政大夫、上书房行走、礼部右侍郎、提督江苏学政、萧山汤金钊撰文。

举人拣选知县夏翼朝篆额。

恩贡生候选直隶州州判陈培因书丹。

大清嘉庆二十有三年岁次戊寅春正月穀旦。

杨敦厚、祝嘉燕、沙昺、章燕、杨景曾、祝登墀、沙溶、邢灏、陈澜、□墀、王云裘、周权、沙瀛立石。

住持庞松龄，孔昭孔同子宪三刻字。

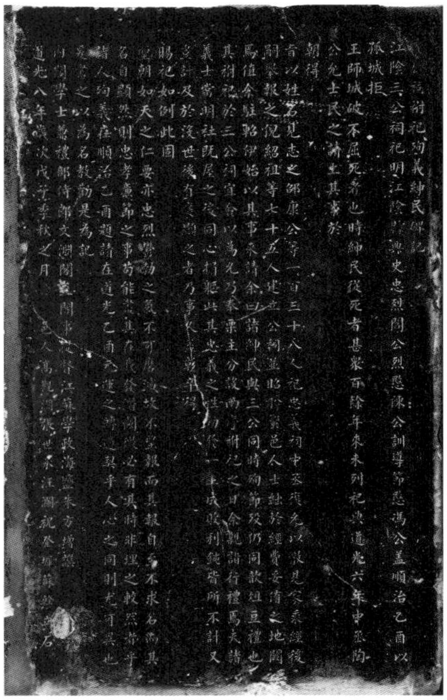

2. 朱方增撰《三公祠祔祀殉义绅民碑记》碑

清道光八年（1828）

通高138厘米　宽83厘米

楷书　青石质

江阴市博物馆藏品

释文：

三公祠祔祀殉义绅民碑记

江阴三公祠祀明江阴县典史忠烈阎公、烈愍陈公、训导节愍冯公，盖顺治乙酉以孤城拒王师，城破不屈死者也。时绅民从死者甚众，百余年来未列祀典，道光六年，中丞陶公允士民之请，上其事于朝，得旨，以姓名见志之邵康公等一百三十八人，祀忠义祠。

中丞复允以散见家乘，经后嗣举报之倪绍祖等七十五人，建立公祠并昭颁。乡邑人士绌于经费，妥侑之地阙焉。

值余驻韶伊始，以其事来请，余曰："诸绅民与三公同时殉节殁，仍同歆俎豆，礼也，其祔祀于三公祠，宜。"佥以为允。乃奉栗主，分设两序。祔祀之日，余亲诣行礼焉。

夫诸义士当明社既屋之后，同心捐躯，此其忠义之性勃发，一旦成败利钝皆所不计，又岂计及于没世后有褒显之者，乃事久益彰，卒得赐祀如例，此固圣朝如天之仁要，亦忠烈郁勃之气不可磨灭。故不望报而其报自至，不求名而其名自显。然则忠孝廉节之事，苟能尽其在我，发潜阐微必有其时，非理之较然者乎。

诸人殉义在顺治乙酉，题请在道光乙酉，元运之转，适契乎人心之同，则尤可异也。

爰书之以为名教劝，是为记！

内阁学士兼礼部侍郎、文渊阁直阁事、提督江苏学政、海盐朱方增撰。

道光八年岁次戊子季秋之月，邑人高观澜、张世承、汪澜、祝登墀、苏干立石。

3. 汪坤厚撰《重建三公祠碑记》碑

清同治六年（1867）

通高141厘米　宽57厘米

楷书　青石质

江阴市博物馆藏品

释文：

重建三公祠碑记

余昔时侍外大父文端汤公，读书京邸，公曾任江苏学使，常驻之署在江阴，公居江阴较久，熟于邑之掌故，尝为余言明末大兵南下时，江阴有前典史阎公、典史陈公、训导冯公以微员率士民坚守八十日，城破皆死焉。我朝褒忠冀教推及胜国，殉节诸臣阎公得谥忠烈、陈公烈愍、冯公节愍。邑人建祠于城东南隅，享祀惟谨。因进联额，并记其事志异数也。余敬聆而默识之。

岁丁卯，余来摄县事，亟访所谓三公此者，则已为贼毁，惟基址尚存，欲图兴复，顾力未逮。戊辰春日，将运漕至沪，交纳邑旧例，每米一石埠津贴水运费三十五文。兹岁漕三万一千余石，应缴钱一千余串。余思船埠不克独任势，必波及于商渔及乡农科载诸船，倘豪猾复从染指，则弊更滋大。且核全漕额数尚须加倍，则费亦递加，民何以堪，力却之，并为通禀，立案永禁。

船户皆感说，又虑宽政之不能常行也。商渔船户毛永龄等固请立石，以垂久远，并愿输所集资八百千，襄办紧要公务。余谓"公务之有裨风教者莫如三公祠"，众商踊跃，予为之出示刊石，特邀邑绅沙训导淮至，畀以商捐，嘱其缔构，不敷另行筹添。

逾半载，享堂落成，榱桷丹雘，神龛配位，靡不严整。上距文端公作记及进联额，时五十年于兹矣，予遂重书文端公联额，悬于堂，又捐置璜塘田十亩，计租十石，为岁修助。因缕述平悉，钦仰三公之由，今日得复祠宇之故，为记以附文端公之后云……同……

识略：

《江阴三公祠记》碑、《三公祠祔祀殉义绅民碑记》碑见诸道光《江阴县志》，《重建三公祠碑记》碑则见诸光绪《江阴县志》。光绪《江阴县志》卷七“三公祠”条下共附录四块碑记，故尚缺蔡澍撰《阎陈二公祠记》碑，据称此碑已碎，已然散失。

民国《江阴县续志》“三公祠”条载：“光绪三十年改辅延小学。”即三公祠自光绪三十年（1904）改为新式学堂，20世纪中叶以后彻底衰败，所幸此三碑辗转为江阴市博物馆所收藏。

现辅延小学为三公祠旧址。此三碑当年应矗立于祠堂之上，每年地方官、绅民须春秋两次前往祭祀，而祠堂也有专人管理和看护，三碑也得以保存。《重建三公祠碑记》碑字迹大部分已模糊难辨，据县志考订后得以补全，而另二碑则文字清晰，与县志校对，稍有出入，以原碑文为准。

江阴素称“忠义之邦”，此乃江阴有别于他地之征。明正德朝有御前“三虎”，敢于直言，弹劾逆珰；嘉靖朝有邑令身先士卒，率民抗击倭寇而战死沙场；天启朝有东林李应升、缪昌期为权阉所害；而此顺治乙酉之抗清屠城，是江阴人对“忠义”二字最完美的阐释。时至今日，由“忠义”衍生为“人心齐，民性刚”，那是对江阴人最为精确的性格定位，是教育子孙后代最直观的实证，故此三碑之价值意义可谓大矣！

三位作者——汤金钊、朱方增、汪坤厚，以及《阎陈二公祠记》碑的作者蔡澍，两位当时任江苏学政，另两位当时任江阴邑令，碑的年代由乾隆朝至同治朝，足可见官方对江阴精神之弘扬与敬重，实令当代汗颜。

另，《江阴三公祠记》碑的镌刻者孔昭孔及其子孔宪三，出身江阴金石世家。

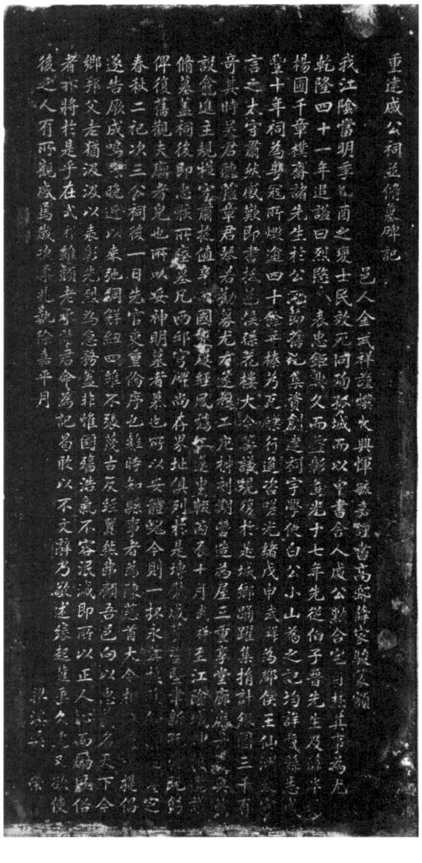

4. 金武祥撰《重建戚公祠并修墓碑记》碑

恽毓嘉书丹　薛家骏篆额

民国丙辰年（1916）

通高138厘米　宽69厘米

楷书　青石质

江阴市博物馆藏品

释文：

重建戚公祠并修墓碑记

邑人金武祥谨撰、义兴恽毓嘉谨书、高邮薛家骏篆额。

我江阴当明季乙酉之变，士民效死，同殉孤城，而以中书舍人戚公勳合宅自焚，其事为尤烈。

乾隆四十一年追谥曰“烈愍”，表忠钜典，久而益彰。

道光十七年，先从伯子晋先生及薛半塘杨圃千、章朴斋诸先生，于公死节旧地，集资创建祠宇。学使白公小山为之记，均详载县志。

咸丰十年，祠为粤寇所毁。逾四十余年，榛芀瓦砾行道，咨嗟！

光绪戊申武祥为郡侯王仙洲太守言之，太守肃然感叹，即书抵邑侯孙花楼大令，筹议规复。于是城乡踊跃，集捐计银圆三千有奇。

其时吴君听庐、章君琴若劝募尤力，遂鸠工庀材刻期营造，为屋三重，享堂廊庑，丹□奂然。设龛进主，规模宏肃。

扢值辛亥国变，屡经风鹤，工遂中辍。丙辰十月武祥至江阴，城绅复邀议，修墓盖祠后，即忠骸所瘞，墓凡两邱穹，碑尚存，界址俱列。于是砖甓咸葺，涂塈聿新，既崇既饬，俾复旧观。

夫庙者，皃也！所以妥神明，墓者慕也！所以安体魄！今则一抔永奠，樵苏知禁，并厘定春秋二祀，次三公祠后一日，先官吏，重伦序也。

维时知县事者，为陈慈首大令，相□□乐提倡，遂告厥成。

呜呼！晚近以来，弛纲解纽、四维不张，蔑古反经、嚣然弗顾。吾邑向以忠义名天下，今乡邦父老，犹汲汲以表彰先烈为急务，盖非惟国殇，浩气不容泯灭，即所以正人心而励风俗者，亦将于是乎在。武祥虽颓老，承诸君命为记，曷敢以不文辞，乃敬述缘起，冀垂久远，又欲使后之人，有所观感焉！

岁次柔兆执徐嘉平月，梁溪吴，荣刻。

识略：

此碑刻入藏年代较早，应属旧藏。按现状尚缺额，碑面文字基本可识，个别字迹有磨损，但全文贯通，释读无疑义。

按碑文内容可知戚公祠之原委，查阅江阴历代文献，两者可互为印证。

道光《江阴县志》“戚公祠”条云：“在城隍庙小巷，祀明文华殿中书舍人戚公勳，即其阖门殉节地也。道光十七年，邑人金安世等捐建。”后附国朝学政白镕撰《戚烈愍公祠记》。

民国《江阴县续志》“戚公祠”条云：“在小庙巷内。光绪三十四年，邑令孙友萼倡捐，邑人章际治、吴增元董理修复。经始时捐集银一千三百余元，不敷甚巨。由县以等差法谕各乡劝捐，大乡五十元，次四十元，又次三十元，合计得三千数百元。授建门房三间，次池厅三间……”

民国《江阴近事录》“戚公祠”条云：“原有祠田，二年改归公产处执管。六年县知事陈思、邑人吴穆清等重修祠墓。”

戚公祠按县志所云，位于小庙巷，光绪《江阴县志》中城厢图上标注有小庙巷，其南有戚公祠基，故其位置可确定也，应位于现城中实验小学操场稍往东侧。原址当有二通碑碣，此其一也，另一通为道光年间学使白镕撰《戚烈愍公祠记》碑，现已散失，所幸文献已收录，而馆藏此碑未见著录，可补空白。

书丹者义兴恽毓嘉，出身恽氏望族，字孟乐，光绪乙酉科举人，壬辰科二甲第一名进士，任国史馆总纂，翰林院编修各国政艺通考等，二品衔，奉政大夫；篆额者高邮薛家骏，字仲超，监生。

金武祥不愧为江阴名士，所撰此文剖析至理、感怀至深，当代邑人当为之振臂——“吾邑向以忠义名天下，今乡邦父老，犹汲汲以表彰先烈为急务，盖非惟国殇，浩气不容泯灭，即所以正人心而励风俗者，亦将于是乎在。”

此句当流传千古，时时警示后世子孙！

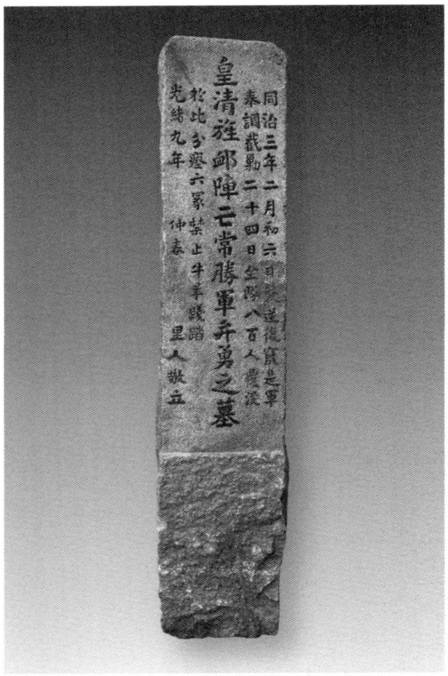

5.《皇清旌恤阵亡常胜军弁勇之墓》碑

清光绪九年（1883）

Ⅰ式：通高176厘米　宽38厘米

Ⅱ式：通高130厘米　宽27厘米

楷书　花岗石质

江阴市博物馆藏品

释文：

Ⅰ式：

同治三年二月初六日，发逆复窜，是军奉调截剿，二十四日全队八百人覆没。

皇清旌恤阵亡常胜军弁勇之墓。

于此分瘗六冢，禁止牛羊践踏。

光绪九年仲春，里人敬立。

Ⅱ式：

禁止牛羊践踏。

皇清旌恤阵亡常胜军弁勇之墓。

光绪九年仲春，里人敬立。

识略：

此碑碣共计六方，其中二方为江阴市博物馆所收藏，其余分别为中国国家博物馆、太平天国历史博物馆（南京瞻园）及苏州博物馆所收藏，另一方断裂后散失。出土于江阴华士镇，20世纪70年代平整土地时被发现。

分为二式，其中Ⅰ式一件，Ⅱ式五件，江阴市博物馆藏Ⅰ式、Ⅱ式各一件。Ⅰ式为总墓碑，碑体尺寸最大，碑面文字也最多，Ⅱ式为分墓碑。

事件发生于同治三年，即1864年，太平军与常胜军（洋枪队）在江阴华士的一场战斗，最终以常胜军全军覆没为结局。此后至光绪九年（1883），相隔19年，才由华士当地士绅将常胜军尸骨收集掩埋，并立碑纪念。

常胜军之前身为洋枪队，由美国人华尔创建，由最初之洋人武装发展至华人、菲人之正规雇佣军，因协助清政府围剿太平天国起义而名噪一时，1862年被清政府授予“常胜军”衔，其后由英国人戈登统领。1864年，常胜军被遣散，其精锐被收编为淮军序列。

江阴作为清政府与太平天国在江南的主战场之一，其城池几度易手，战事连绵，生灵为之涂炭。光绪《江阴县志》卷二十九“寇变纪略”详细记述了两军交战之始末，而提及华士之役，仅片言只语，甚至并未涉及常胜军覆灭之事："甲子二月，宜兴溧阳残贼循江东窜。丙子奄至南闸，及周庄、华墅、杨厍，犯福山，所过焚杀。城中复警，我军扑灭，次第就戮……"

查阅太平军与洋枪队之交战史，未见有八百人遭全歼之战例，而史书则更多描述上海战役、慈溪战役等，至于华士之战在实证并不缺乏的前提下，为何不见诸正史，尚待商榷，也值得期待！

二、军事文化文物

1. "耀威大将军"铁炮

清道光二十三年（1843）铸造

通长338厘米—354厘米　直径70厘米　炮膛口径18厘米

前膛式　铁质

江阴市博物馆藏品　1987年及1994年江阴黄山大、小石湾古炮台遗址出土

铭文：

Ⅰ式：

署督部堂壁、抚部孙、江苏藩宪文、江宁藩宪崇，饬造耀威大将军。道光二十三年九月造，江苏管理炮局莫载、盛绶章、武友怡监造。计重八千觔，吃药二百四十两、配弹子四百八十两。炉头监生曹巨昇、梅在田、许鑑堂、毛文治铸造。

Ⅱ式：

道光二十三年十一月，江苏抚部院孙、署两江督部堂壁、江苏江宁布政司文，崇饬造。江苏管理炮局武友怡、莫载、盛绶章监铸。计重一万斤，吃药二百四十两、配弹四百八十两。炉头曹巨昇、梅在田、毛文治、许鑑堂铸造。

2. "振武将军"铁炮

清道光二十三年（1843）铸造

其一：通长270厘米　直径50厘米　炮膛口径12厘米

其二：通长280厘米　直径48厘米　炮膛口径12.5厘米

前膛式　铁质

江阴市博物馆藏品　1994年江阴黄山大石湾古炮台遗址出土

两门"振武将军"铁炮形制和大小略有差异，铭文因锈蚀无法完全辨识。其一铭曰："道光二十三年九月春，署两江督部堂壁、江苏抚部院孙、江苏江宁布政司文，崇饬造。江苏管理炮局莫载、盛绶章、武友怡监造。计重五千斤，吃药一百廿两，配弹二百四十两。炉头毛文治、梅在田、曹巨昇、□□□铸造。"

识略：

这八门大铁炮皆出土于黄山炮台大、小石湾之古炮台遗址。

按光绪《江阴县志》卷六“武备·炮台”条云：“鹅鼻嘴起，历大小石湾，迄黄山，编列日字号起，姜字号止，计五十六门。道光间海氛不清，江干曾筑是台，安置炮位。庚申寇扰，台毁炮失……”出土的这八门铁炮，也正是大、小石湾炮台武器装备序列的重要组成部分。

第一次鸦片战争的惨败，使得清政府从朝廷到各封疆大吏，都开始反思战败的原因，长江防务尤其值得深思。在江阴修筑炮台以封锁大江，成为历任两江总督的共识。黄山炮台从此登上了历史的舞台。“长江之管键，锁航之要塞”就是对江阴军事特性最为精准的定位。

炮身的铭文，叙述较为详细，名称、重量、火药配置，甚至督造官员都一一在列，从两江总督壁昌以下，江苏巡抚孙善宝、江苏布政使文柱、江宁布政使崇恩，江苏管理炮局官员、铸造工匠人员，皆镌铸于其上。这是研究我国火炮和海防发展史的重要实物史料。

3. 铜炮

清咸丰十一年（1861）铸造

通长137厘米　直径39厘米　炮膛口径9.2厘米

前膛式　铜质　炮膛内尚存两枚弹丸

江阴市博物馆藏品　1990年江阴黄田港出土

铭文：

心字第十七号。食药弍拾肆两、食子陆拾两。咸丰十一年十一月，吉日。湖北武昌府知府李宗杰、候补同知董绍昌，督同分缺先川县丞刘炳南监造。炉头王宗鸿铸。

识略：

江阴黄田港，清代江阴的火炮房就设置于此。1990年曾出土一批前膛式滑膛火炮，此为其中之一，余皆为铁质。因此炮铭文清晰，对其年代和价值的研究，意义较大。从炮身重量和形制来看，该炮应该是配备于巡江战船之上，用于江面战船对敌的近距离作战。

4. 铁质圆形炮弹

清代

直径20厘米　孔径2厘米

前膛炮弹

江阴市博物馆藏品　1987年江阴黄山小石湾古炮台遗址出土

炮弹为生铁铸就，中空，球面有一小孔，火药由孔向内塞入球体。出土时，孔中有黄黑色液体流出，应为火药残迹。

这些炮弹显然不是“耀威大将军”等前膛火炮的弹药，应该是1873年以后重建大、小石湾炮台时，从国外进口的新式火炮，或是洋务运动中，国内仿造的西式大口径火炮的炮弹。

5. 铁质筒锥形炮弹

清代

通高50厘米　底径14厘米

线膛炮弹 前膛式

江阴市博物馆藏品　1987年江阴黄山小石湾古炮台遗址出土

弹体为一整体，无引信装置，应是1873年大、小石湾炮台重建以后，进口的英国瓦瓦司前膛火炮的炮弹。

6. 球形浆石弹丸

清代

直径9.5厘米—16厘米不等

前膛炮弹

江阴市博物馆藏品　1987年江阴黄山大、小石湾古炮台遗址出土

这组炮弹出土最多，大小不一，为三合土拌泥质地。与铁质炮弹的威力不可同日而语，用其封锁长江、击沉船坚炮利的敌舰，无疑是痴人说梦。

7.《朱臻仕者》碑

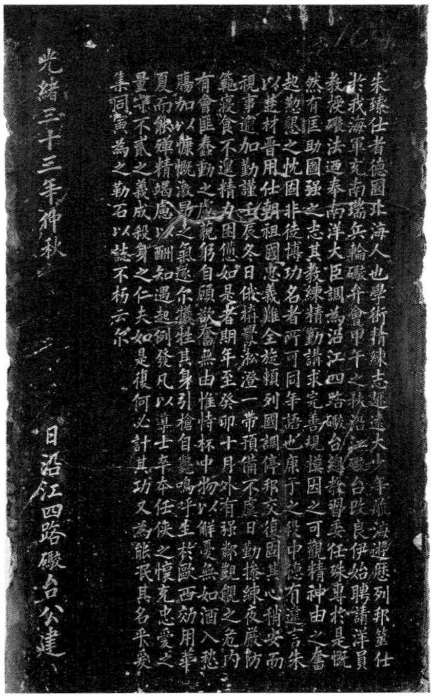

清光绪三十三年（1907）

通高146厘米　宽86厘米

楷书　青石质

江阴市博物馆藏品　1992年江阴百花园施工时出土

释文：

朱臻仕者，德国北海人也。学术精练、志趣远大，少年航海，游历列邦。筮仕于我海军，充南瑞兵轮炮弁。

会甲午之秋，沿江炮台改良伊始，聘请洋员教授炮法。乃奉南洋大臣，调为沿江四路炮台总教习。委任殊专，于是慨然有匡助图强之志。其教练精勤，讲求完善，规模因之可观，精神由之奋起。勤恳之忱，固非徒博功名者所可同年语也。

庚子之役，中德有违言，朱以楚材晋用，仕朝祖国，忠义难全，旋赖列国调停，邦交复固，其心稍安，而视事逾加勤谨。

壬辰冬，日俄拚衅淞澄一带，预备不虞，日勤操练，夜严防范，寝食不遑，精力困惫，如是者期年。

至癸卯十月，外有强邻觊觎之危，内有会匪蠢动之虑，藐躬自顾，欲奋无由，惟恃杯中物以解忧，无如酒入愁肠，加以慷慨激昂之气，遂尔牺牲其身，引枪自毙。

呜呼！生于欧西，效用华夏，而能殚精竭虑，以酬知遇，起例发凡，以导士卒，本任侠之怀，充忠爱之量，守不贰之义，成杀身之仁。夫如是复何必计其功，又为能泯其名乎？

爰集同寅，为之勒石，以志不朽云尔！

光绪三十三年仲秋日，沿江四路炮台公建。

识略：

此碑为20世纪90年代初于江阴百花园附近被发现的，共两方，此为其一，另一方略小，碑文为德文。两方碑碣原出土地为黄山南坡，江阴市博物馆入藏了此中文碑，而德文碑却下落不明。

这是方墓志铭，墓主为德籍教官——朱臻仕，故有中文、德文两方碑树立于墓前。按理应为其建立墓园并加以保护，然现仅存此碑，令人唏嘘不已！

民国《江阴县续志》“炮台”条云：“（光绪）二十年江督张之洞派委洋教习朱臻仕等数名来江教练，经台官曹嘉祥选留二名，是年续设东西两山及黄山岭大炮快炮共五尊……”

清《光绪实录》卷二百十一（光绪十一年乙酉秋七月）载：“辛丑（14日）赏援闽开济等兵船洋弁朱臻仕宝星。”

上述两段史料与此墓志互为印证，且朱臻仕等得授朝廷嘉赏，显然也深得张之洞信赖，故由最初之兵弁升为教员，而至沿江四路炮台之总教习。由光绪十一年（1885）入华，二十年（1894）至炮台任教习，二十九年（1903）饮弹自尽，朱臻仕在华十八年之轨迹在焉，此碑之意义也即此也！

《江苏财政史料丛书》第一辑第四分册第九十五章“沿江四路炮台”条云：“共分为金陵、镇江、江阴、吴淞四炮台，一总理处。总理处暨江阴要塞工程营。”由此可知“沿江四路炮台”总部设于江阴，故总教习也驻于此，亡故后葬于黄山南坡，碑文中署“沿江四路炮台公建”皆合乎情理。

江阴因地理位置而成兵家必争，炮台的作用尤为突出。清末以来对大炮的选择、引进和使用也随着科技的进步而不断升级，聘请洋教习已成必然。

《中华海权笔记》中有江阴炮台的诸多记载，主要内容包括火炮的进口、德籍军事顾问汉斯·冯·塞克特等。由此看来，进口德国火炮并聘请德籍教官顾问已成传统，滥觞于清廷之洋务运动，为洋务之精髓——“师夷长技以制夷”的最好注解。

朱臻仕之为人，墓志叙述详尽而含蓄，在此不再多论，此碑为光绪三十三年（1907）立，而其死于二十九年，其间相差了四年，看来对其评价尚有一段反复的过程，但最终还是予以认可。

“德人朱臻仕为江南炮台教习，闵中国时势日非，愤而成疾，用手枪自杀。陈子哀之为此二诗，其一：‘彼亦偏裨耳，才谓异客卿。居然捐性命，竟可诉神明。猿鹤燕云痛，豺狼藏卫争。谁能知国耻，独有卜魁城。’”

上述文字节录于近现代诗人陈漳诗集。陈漳是张之洞学生，“蜀中三杰”之一。张之洞入粤，曾延其入幕，后成进士，进入仕途。因曾为张之幕僚，或与朱臻仕相识甚至相知。此五言律诗精彩至极，借悼念朱臻仕之死，嘲讽当代：外人尚且如此，国人如何？抒发了作者忧国之情怀。

此碑虽未注明作者，但其文采出众，读来一气呵成，可佩！朱臻仕身为德籍教官，而为中国牺牲生命，然至今日，墓园被毁，尸骨无存，仅存此碑碣，可悲矣！

8. “渡军胜利光荣船”锦旗

1949年

高80厘米　宽51.5厘米

江阴市博物馆藏品　1991年徐林财等捐赠

锦旗以红色棉布衬底，字迹为黑线填墨，曰：“供给人民英雄船只。渡军胜利光荣船。中国人民解放军第廿八军司令部、政治部。”

第二十八军为华东野战军第十纵队，军长为朱绍清，政治委员为陈美藻。

9. “扬子江上英雄船”锦旗

1949年

高83厘米　宽57厘米

江阴市博物馆藏品　1991年徐林财捐赠

锦旗以灰黄色棉布衬底，字迹为墨书，曰：“奖给人民英雄船只船工徐林财、蔡全云（附本人图章）、徐满财（附本人图章）。扬子江上英雄船。中国人民解放军第廿八军司令部、政治部。”

10. “渡江英雄”锦旗

1949年

高107.8厘米　宽62.5厘米

棉麻纤维质地

江阴市渡江战役纪念馆征集并入藏

锦旗上为墨书：“功臣纪念。渡江英雄。江阴县人民政府、县委会赠。”

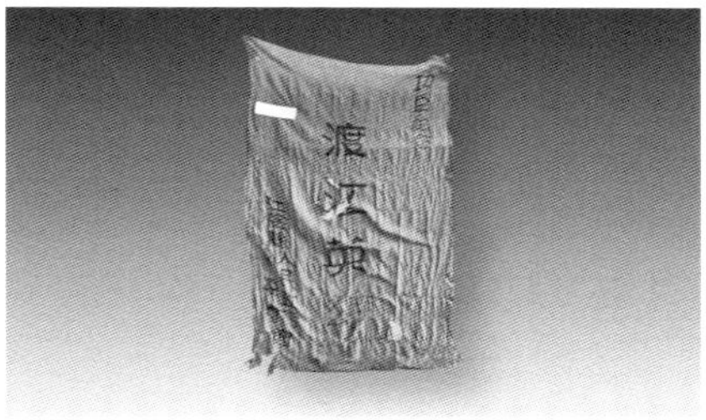

11. “渡江胜利纪念”徽章

1949年

直径3.1厘米

红铜质地

江阴市渡江战役纪念馆征集并入藏

徽章为机制，红铜质地，正面图案为帆船背景下的解放军战士，手握三八大盖式步枪作冲锋状。

12. 馆藏奖状三件

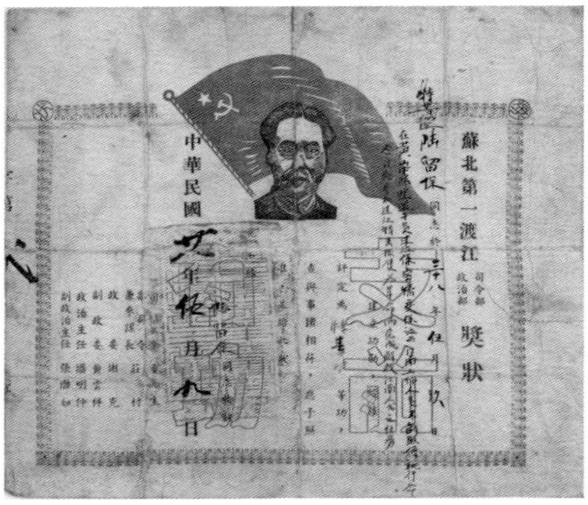

（1）特等功臣陆留保奖状

1949年

纵20厘米　横23厘米

纸质

江阴市博物馆藏品　1991年征集

部分释文：

苏北第一渡江司令部、政治部奖状。特等功臣陆留保同志于三十八年伍月玖日，在黄山中队运送干员过江，保密情交保证与江南工作人员不断联系，执行命令，自死参加过江特击船只，为革命而完成解放江南人民之任务，建立功勋，经该评定为特壹等功……

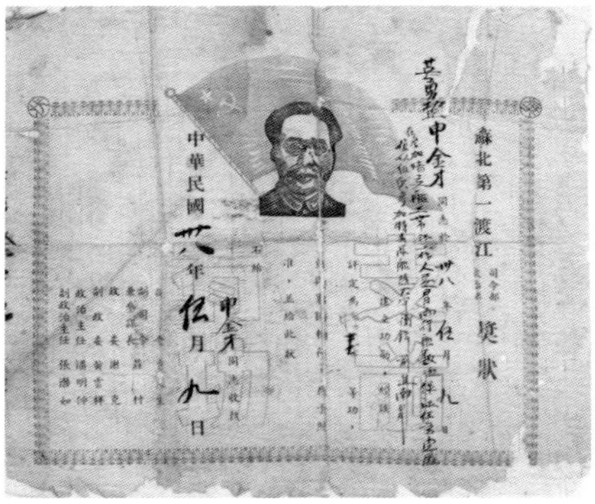

（2）英勇功臣申金才奖状

1949年

纵20厘米　横23厘米

纸质

江阴市博物馆藏品　1991年征集

部分释文：

苏北第一渡江司令部、政治部奖状。英勇功臣申金才同志于卅八年伍月九日在参加情交船工带领工作人员冒雨行船数次保证任务完成，服从组织参加特击队船，随大军冲锋前进南岸，建立功勋，经该评定为特壹等功……

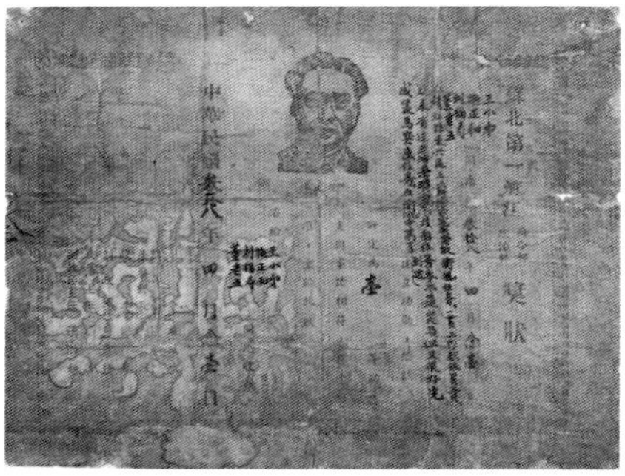

（3）王小弟等壹等功臣奖状

1949年

纵20厘米　横23厘米

纸质

江阴市博物馆藏品　1991年征集

部分释文：

苏北第一渡江司令部、政治部奖状。王小弟、施正和、刘福寿、董老五同志叁拾八年四月念壹日在靖江县东兴区上六圩渡口完成突取冲风（锋）任务。一贯工作积极负责，从未有过“老油条”现象。该船任务本不是装马，但又很好完成装马突击任务，在冲风（锋）中第一名到达，建立功勋，经该评定为壹等功……

识略：

从内容得知，王小弟等获得嘉奖的原因是在靖江东兴渡口的渡江战役中最先到达南岸。颁奖时间为1949年4月21日，正好是大军发起渡江战役之时，因此该奖状极为珍贵。

13. 苏北第一渡江司令部、政治部奖状

1949年

纵21厘米　横23.5厘米

纸质

江阴市渡江战役纪念馆征集并入藏

奖状为苏北第一渡江司令部、政治部颁发，受奖者为刘阿川等五人，获奖的缘由是在这次渡江任务中完成突击任务。一贯工作较积极，不讨价还价，直至任务完成。经评定为壹等功，颁发时间为1949年5月5日。

奖状的正上方为红色党旗背景下的毛主席头像，奖状的落款为司令童炎生、副司令兼参谋长庄村、政委谢克、副政委黄云祥、政治主任潘明仲、副政治主任张渤如。

童炎生是位传奇式的独臂将军，新中国成立后被授予少将军衔。

三、历史时期文物

玉石类文物

1. 桥形玉璜

新石器时代　马家浜文化

长16.4厘米　中宽1.9厘米

江阴市博物馆藏品　2001年江阴祁头山遗址出土

呈青灰色，桥形，两端弯曲上翘，上翘处各有钻孔。其中一处钻孔未透，另一处为两次钻而成。又各对钻牛鼻孔，钻孔方式较为特殊。

2. 玉琮

新石器时代　良渚文化

高4.4厘米　孔径5.68厘米　射径6.65厘米

江阴市博物馆藏品　1999年江阴高城墩遗址5号墓出土

呈鸡骨白色，单节式琮体，四面饰四幅简化兽面纹。整体呈方形四弧面，圆孔，内壁打磨光滑。琮底部台面有一处较大的凹痕，已修整平滑。整个器物内外打磨精细，透出玻璃光泽。

3. 玉琮

新石器时代　良渚文化

高5厘米　孔径5.7厘米　射径7.3厘米

江阴市博物馆藏品　1999年江阴高城墩遗址11号墓出土

呈鸡骨白色，单节式琮体，器身有橙黄色沁斑，器表附有较多的黑褐色物质遗痕，玉质中带有少量游丝状绺裂。四组简易兽面纹饰，眼、鼻雕刻清晰。通体打磨精致，光滑细腻。

4. 玉琮

新石器时代　良渚文化

高5.2厘米　孔径6.3厘米　射径8.65厘米

江阴市博物馆藏品　1999年江阴高城墩遗址11号墓出土

呈鸡骨白色，单节式琮体，玉质中带有较多的游丝状绺裂，浅黄色沁斑，琮体四面共饰四幅简化兽面纹，鼻较宽短。整器内外打磨精细，呈现出玻璃光泽。

5. 玉钺

新石器时代　良渚文化

通长14.2厘米　刃宽9厘米　顶宽7.2厘米　孔径1.9厘米

江阴市博物馆藏品　1999年江阴高城墩遗址13号墓出土

呈淡灰绿色，孔部捆绑处留有明显的两道朱砂痕。略呈"风"字形，弧刃中锋，刃口较钝。打磨精细，部分器表呈现玻璃光泽。

6. "风"字形石钺

新石器时代　良渚文化

通长12.1厘米　刃宽15.6厘米　顶宽13厘米　孔径3.4厘米

江阴市博物馆藏品　1999年江阴高城墩遗址13号墓出土

灰白色岩质，磨制，呈宽扁平"风"字形。体较薄，孔内有朱砂痕迹，钻痕及台痕明显，弧刃中锋，刃口较钝。打磨精细，玻璃光泽耀眼。

7. "风"字形石钺

新石器时代　良渚文化

通长11.8厘米　刃宽13厘米　顶宽11.3厘米　孔径2.6厘米

江阴市博物馆藏品　1999年江阴高城墩遗址7号墓出土

青灰色岩质，磨制，整体呈扁方"风"字形。体较厚，斜弧刃略平，中锋，未开刃部，器表打磨光滑。

8. 穿孔石斧

新石器时代　良渚文化

通长15.2厘米　刃宽6.3厘米　顶宽6厘米　孔径1.4厘米

江阴市博物馆藏品　江阴高城墩遗址采集

灰白色石质，磨制，呈长条形，体较厚，斜弧刃近平，中锋，器形规整，打磨精细。

9. 有段石锛

新石器时代 良渚文化

通长6.1厘米　刃宽2.7厘米　顶宽2.3厘米

江阴市博物馆藏品　1999年江阴高城墩遗址8号墓出土

青白色岩质，磨制，扁平形状，上体与下体相接处有段，斜弧刃，偏锋，通体精磨。

10. 中浮雕《四神十二生肖》与《出行图》石椁四边栏

宋代

青石质

长栏：长333厘米、330厘米　宽51厘米、52.4厘米　厚18厘米、22厘米

顶栏：长92厘米、98厘米　宽53厘米、54厘米　厚16厘米、17厘米

江阴市博物馆藏品　2002年江阴市青阳镇里泾坝村宋墓出土

石椁边栏由八方（每边上下两方）青石子母口扣合组成，其中的六方刻有中浮雕图案。两端顶栏的下方石板未刻有图案。

图案的主体内容分为两层：上层为《四神十二生肖》，下层为《出行图》。

由于填土和水浸，石椁上层图案画面已经较为模糊，仅西侧的最左侧生肖图案可辨，为拱手捧笏、头戴方形幞头、身着宽袖长袍的站立文官形象，身侧刻有一猴，其头、上肢、尾、身体完整能辨。

因墓室为南北走向，可推测上层图案应为：北侧玄武和鼠、牛，东侧青龙和虎、兔、龙、蛇，南侧朱雀和马、羊，西侧白虎和猴、鸡、狗、猪。

下层的《出行图》是石椁的精华，保存得也相对完好。由两组未见男女主人在场的出行场面，分刻于东西两侧的下端石栏之上。东侧的出行画面由11人组成，队伍后面为着官服仰观天象的人物形象。11人神态各异，属于侍仆人物，有轿夫、丫鬟、杂役，预示着这是一支属于女主人的出行队伍。西侧的出行队伍画面由10人组成，在队伍之前，有一着官服拜服于地的人物形象。10位侍仆包括书童、舆夫、杂役，预示着这是一支属于男主人的出行队伍。

刻画的人物服饰、器具都带有鲜明的宋代风格，雕刻技艺细腻、精湛。诸如此类剔地浮雕式的随葬石刻并不多见，画面所反映的内容，与汉代画像石所展现的内容极为相似，这显然是“事死如事生”思想的孑遗，为研究宋代社会生活和丧葬文化提供了丰富的实物资料。

陶瓷类文物

1. 彩绘三足陶钵（内附头盖骨）

新石器时代　马家浜文化

高8厘米　口径25.5厘米

江阴市博物馆藏品　2001年江阴祁头山遗址出土

泥质红陶，轮制，尖圆唇，敛口，圜底，扁矮三足。靠近口部的器表内外饰一周较宽的红色陶衣。该墓墓主仰身直肢，三足钵正放于墓主头部之下。

2. 黑陶杯

新石器时代　崧泽文化

高14厘米　口径7.7厘米　底径8.2厘米

江阴市博物馆藏品　1999年江阴龙爪墩遗址出土

泥质灰陶，圆唇，直口，深腹，素面，鼓腹，底饰花瓣形圈足，器表施黑衣，剥落严重。

陶杯是崧泽文化墓葬中常见的随葬器物，一般与陶鼎、陶豆、陶罐、陶壶等器物同出，多见于崧泽文化中晚期。

3. 黑陶高领罐

新石器时代　良渚文化

通高36.3厘米　颈高8厘米　口径23.3厘米　腹径23厘米　底径15厘米

江阴市博物馆藏品　1979年江阴璜塘埄遗址出土

泥质黑陶，大敞口，方唇，长颈内收，肩部刻有二圈较密的菱形纹，以上三道下五道弦纹间隔，颈肩处两端有纽。上腹略鼓，下腹内收，平底。属于良渚文化晚期的典型器物。

4. 挹铜陶勺和青铜残件

商代

高8.2厘米　长19厘米　宽17厘米

江阴市博物馆藏品　1998年江阴花山遗址出土

夹砂红陶质地，器形厚重。勺近似椭圆钵体，一侧有流，勺下前部有两矮足，后部隆起，可以平稳放置，柄端已残，有用于插木柄的方孔痕迹。从勺内壁的颜色判断，应该是冶铜时用以挹铜液的工具，遗址内出土的青铜残件也证明了这一点。同类型的挹铜陶勺还见于南京北阴阳营遗址。

5. 重回纹硬红陶坛

汉代

高42.5厘米　口径26.5厘米　底径21.5厘米

江阴市博物馆藏品　1976年出土

红色硬陶，直口，方唇，矮束颈，上腹较鼓，下腹内收，小平底。颈部以下至近底处拍印回纹，并施有一层釉，部分流至底部。

该坛由春秋战国时期吴越地区的硬陶坛演化而来，相比之下，该坛烧制温度较高更显坚硬，腹部较鼓显矮胖，拍印的纹饰较粗陋，是汉代的典型器。

6. 豆形熏炉

汉代

高18.2厘米　口径13.5厘米

江阴市博物馆藏品　2004年征集

黄陶质地，豆形，炉身与盖子母口相扣，身为直口，略残，弧腹，下部呈喇叭状，圈足。腹部一圈“米”字格纹，柄部饰竖绳纹。盖亦为直口，弧顶为立鸟形捉手，炉盖上刻三角形镂空纹和圆圈纹，均匀分布，中间各有几道较浅的凹弦纹。

此类熏炉由战国延续下来，流行于西汉早期。

7. 釉陶瓿

汉代

高27厘米　口径8.5厘米　底径14厘米

江阴市博物馆藏品　1984年出土

小口，平沿，弧肩，圆鼓腹，下腹斜收，平底。肩部至腹部有三圈凸弦纹，肩部两侧各有一抽象兽首形鋬。口至中腹施茶黄色薄釉。器形硕大规整。

8. 釉陶虎子

汉代

高19厘米　腹径19厘米

江阴市博物馆藏品

圆体形，球腹平底。提梁为兽形，尖嘴，身体呈绞索状，下有近似圆柱形的支撑，四肢和尾巴弯曲平贴在顶部。流呈喇叭口状。顶部至上腹有四道凹弦纹，下腹至底布满平行的凹弦纹。上腹施黄绿釉，剥落严重。

9. 盘口扁腹青瓷壶

南北朝

高10.8厘米　口径10.5厘米　底径12厘米

江阴市博物馆藏品　1975年出土

盘口，束颈，垂腹，圈足内凹，底部有垫烧痕迹。除底外施茶色釉，有气泡。壶身低矮，腹部较扁。

盘口壶主要用于储取水或酒，是南北朝早期的典型器物。

10. 影青釉瓜棱形瓷粉盒

宋代

高4.2厘米　口径7.6厘米　底径6.2厘米

江阴市博物馆藏品　1975年出土

尖唇，直壁，子母口，浅腹斜收，平底。整体为莲瓣纹，胎质细腻洁白，盖至近底处及内腹施青釉。

粉盒是女性的妆奁用具，流行于南宋时期。

11. 青花人物故事纹瓷盘

清代

高3.2厘米　直径23.7厘米　底径12.9厘米

江阴市博物馆藏品　2015年征集

花口，浅腹，内底微凹，圈足微向内斜。胎体较薄，除足跟外施透明薄釉，有玻璃光泽。整体以青花为饰。盘内壁六开光，窗口内饰有间隔对称分布的仕女图和梅花图。盘心圆形窗口内绘有仕女和童子，背景点缀树石、栏杆、石凳。外壁上部有四组对称的简化缠枝花叶纹，下部为六开光对称的如意云纹。

整体线条流畅，青花发色浓淡相宜。

12. 蓝釉蓝彩花鸟竹石纹观音瓷尊

清代

高26厘米　口径6.6厘米　底径7.2厘米

江阴市博物馆藏品　2015年征集

口部为侈口。束颈，颈部较长，中间一周凸弦纹。溜肩，肩下弧腹向下内收，至胫部以下外撇。二层台底浅圈足，瓶体纤长，线条流畅。器物内施白釉，外部为霁蓝釉下青花，蓝釉色泽明艳，釉面莹润细腻。颈部有一圈如意云纹，器身用白描的手法描绘了一幅竹石花鸟图。线条清晰流畅，山石重叠，竹子花草茂密，两只小鸟在空中翱翔，栩栩如生，有灵动之感。底部施有白釉，青花双圈内有“大明嘉靖年制”六字两行楷书款，为康熙时期仿明嘉靖的伪款。器物的形制、釉色、青花及底款特征，均具康熙时期的特点，是康熙时期霁蓝釉下青花中的精品。

13. 粉彩富贵吉祥纹大瓷瓶

清代

高62.5厘米　口径21.1厘米　底径15.7厘米

江阴市博物馆藏品　2015年征集

大敞口，长颈微内束，上腹略鼓，下腹斜收，矮圈足。瓶除口沿、内壁和圈足外，施白釉。圈足泛黄，局部有火石红。釉上粉彩，从上到下分为五个栏，以牡丹、雄鸡为主体纹饰，间以连珠纹、如意云纹、雷纹、菱形纹、桃纹、十字纹、花瓣纹、石榴纹等多种纹饰，有富贵吉祥的寓意。近底处绘粉彩变体莲瓣纹。

整体绘工精致，色彩丰富，布局繁而不乱。

14. 粟香室主人款方形紫砂花盆

清代

高14.7厘米　长18.5厘米　孔径4.5厘米

江阴市博物馆藏品　1978年金永宁捐赠

紫砂质地，四个外壁底部中间各有一个梯形缺口，盆底正中有一个圆形孔洞。该盆应作花盆用。外壁图案和文字各有对称的两面，图案一面为牡丹图，一面为盆栽图，用笔率真写意。文字一面为“永和砖”，从右至左竖行文字为“永和四年八月二日作反文书”，“永和四年八月二日作”拓片，“永和砖”，“永和四年东晋穆帝之戊申岁也砖作兰亭序之前五年粟香室主人赏鉴”；一面为“延年益寿”瓦当拓片，右面文字为“粟香室主人赏鉴”，左面文字为“留青樵并刻”，下面文字为“黄畠未央宫有延年殿或即此殿之瓦也”。

粟香室主人即金武祥（1841—1924），清末藏书家、诗人，原名则仁，字溎生，号粟香，别署一芹山人、水月主人等，江阴人。他花费巨资收集古籍和书画古董，陈列在粟香室、陶庐和二百兰亭汉晋砖室中。光绪至民国年间，他编校、刻印的《粟香室丛书》共有54种，编撰有《江阴艺文志》，搜集自宋至清末江阴著述933种，500余家。著有《芙蓉江上草堂诗稿》《粟香室文稿》《粟香室随笔》《赤溪杂志》《冰泉唱和集》《陶庐杂忆》《粟香行年录》《溎生诗草》等。

金属类文物

1. 环形立耳腰沿扁足青铜鼎

汉代

通高22.7厘米　宽38厘米　口径17.8厘米

江阴市博物馆藏品　1989年江阴市山观镇出土

小直口，球腹，腹部为宽沿，两侧环形耳立于宽沿之上，三蹄形矮足，略外撇，素面。沿以下布满負痕，为实用之器。

2. 铺首衔环圈足青铜簋

汉代

通高11.8厘米　口径23.7厘米　底径15.8厘米

江阴市博物馆藏品　1989年江阴市山观镇出土

直口，弧腹，圈足，两侧为兽面纹铺首，衔环，器身饰弦纹。

3. 三扁高足平沿平底青铜鐎鼎

汉代

高18.6厘米　通长37厘米　口径27.2厘米

江阴市博物馆藏藏品　1990年江阴凤凰山汉墓出土

平沿，直腹，平底。三高蹄足，素面。一侧为长条形把手，中空，可插入木柄。器身布满負痕。

4. 三外撇高扁足敞口平底长曲柄短流青铜鐎斗

汉代

高17.4厘米　长46厘米　宽21.5厘米　口径18.8厘米

江阴市博物馆藏品　1984年江阴市山观镇出土

敞口，直腹，素面，外撇高足呈蹄形，宽短流。一侧为实心把手，较长，中间曲折。

5. 附耳蹄足圆盖三捉手青铜鼎

汉代

高16.3厘米　宽20.8厘米　口径13.8厘米

江阴市博物馆藏品　1982年江阴市山观镇出土

子母口，球腹，饰弦纹，三矮蹄足，双立耳于鼎侧，三捉手器盖，器底有炱痕。

6. 唐“顺天元宝”背莲花纹方孔圆花钱

宋代

直径3.7厘米

江阴市博物馆藏品　2003年江阴悟空寺塔基地宫考古发掘出土

唐代钱币，出土于宋代塔基地宫之中。“顺天元宝”为唐代“安史之乱”时史思明所铸。此钱背为繁缛之莲花纹，刻画精细，显然是宋代加工。在佛塔地宫埋藏舍利时，其被作为陪葬品之用。

7. 海兽葡萄纹铜镜

唐代

直径12.4厘米　缘厚1.7厘米

江阴市博物馆藏品

圆形，高浮雕纹饰，龟纽。内圈纹饰为五只海兽，中间以蔓枝葡萄的叶子和果实装饰；中圈为形态各异之飞鸟和蔓枝葡萄纹饰；外圈为枝蔓纹。器表呈银白色，闪亮，为典型的唐代铜镜。

8. 铤形银锭

宋代

高4.1厘米　长14厘米　宽10.2厘米

江阴市博物馆藏品

呈束腰、弧首状，两首微翘，未见戳记和铭文。器形规整，为典型的官银形制。

9. 方纽圆腹铭文铜权

元代

通高7.6厘米　底径3.4厘米

江阴市博物馆藏品　2003年征集

这是一件典型的元代铜权：梯形纽，球形腹，圆形底座。腹部铸有铭文，曰：“常州路造，天字一号。”

这句铭文原来未能识读，此次文物普查，经过仔细研判，最终确认了铭文。常州的行政区划，有元一代称之为“路”，其他朝代则称为“府”或“州”。又因该器物具有明显的元代铜权的特征，因此确定其年代为元代。

10. 嵌宝金耳环

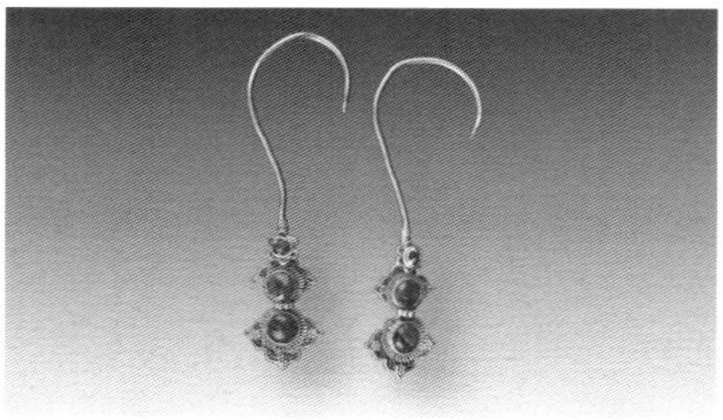

明代

长8.4厘米　簪头宽1.7厘米

江阴市博物馆藏品

金丝作环，坠饰以宝相花纹衬底，上为葵花纹饰，花中间镶嵌有蓝宝石和红宝石，做工精细，造型美观。

11. 烈焰形嵌宝金顶簪

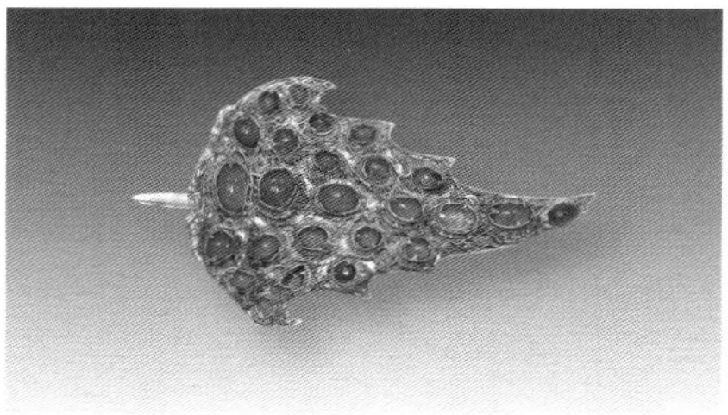

通长13.9厘米　簪头宽7.7厘米

江阴市博物馆藏品

外形呈火焰状。正面以葵花纹作底，每朵葵花花蕊中心以红宝石装饰，共计二十五颗。背部素面，无纹饰，焊有金质曲柄簪插。所谓“珠光宝气”，不外乎如此。

名家手迹类文物

1. 钱玄同致刘半农信札

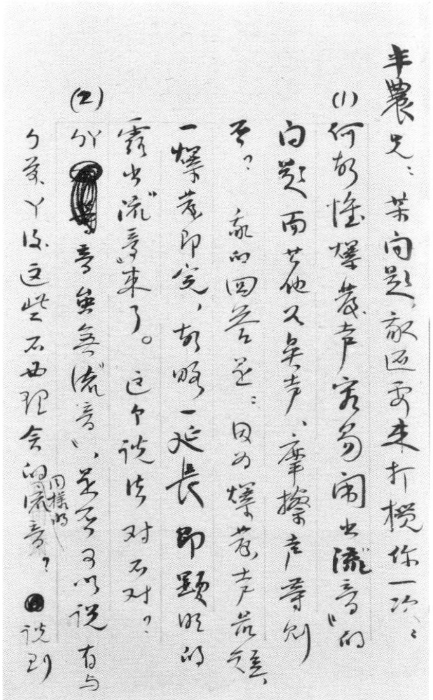

民国二十一年（1932）

纵25.2厘米　横14.9厘米

毛笔行书　使用标点　“苦雨斋”条格信纸4页

署廿一，二，十三

江阴市博物馆藏品　2003年刘育伦捐献

释文：

半农兄：

某问题，我还要来打搅你一次：

（1）何故惟爆发声容易闹出“流音”的问题，而其他如吴（无）声、摩擦（擦）声等则否？我的回答是：因为爆发声最短，一爆发即完，故略一延长即显明的（地）露出“流音”来了。这个说法对不对？

（2）ㄅㄚ音虽无“流音”，是否可以说有与ㄅ前ㄚ后这些不必理会的同样的流音？说到这里，我要向你宣誓：我绝对不是反对或者怀疑你的“无流音”说。老实说，我是甚愿其“无流音”，则讲堂上就很

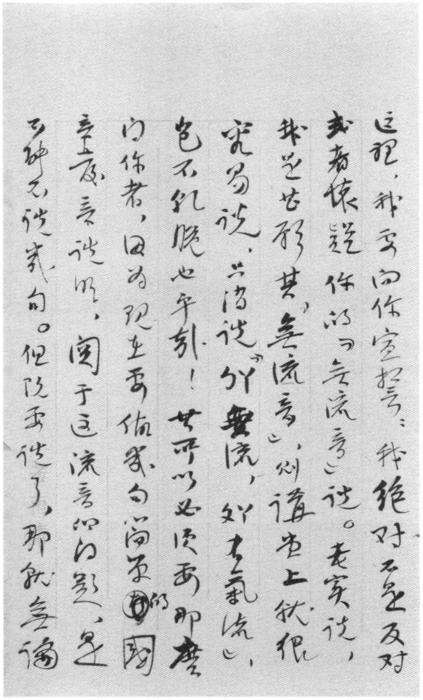

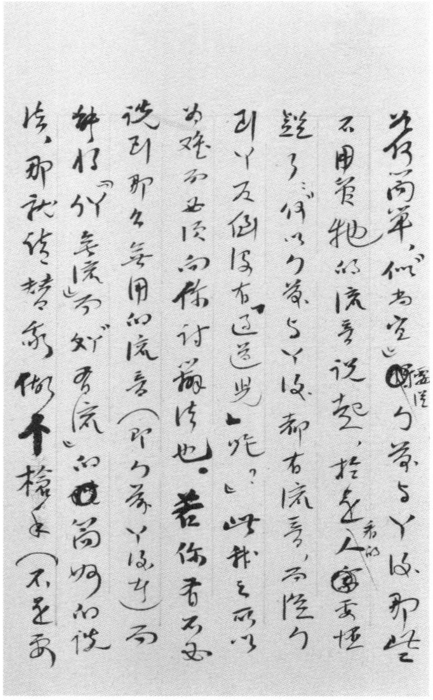

容易说，只消说“ㄅㄚ无流，ㄆㄚ有气流”，岂不干脆也乎哉！其所以必须要那么问你者，因为现在要做几句简单的国音发音说明，关于这流音的问题，是不能不说几句。但既要说了，那就无论如何简单，“似当宜”要从ㄅ前与ㄚ后那些不用管他的流音说起，于是看的人要怀疑了：“何以ㄅ前与ㄚ后都有流音，而从ㄅ到ㄚ反倒没有‘过道儿’呢？”此我之所以为难而必须向你讨办法也。若你有不必说到那么无用的流音（即ㄅ前ㄚ后者）而能将“ㄅㄚ无流”而“ㄆㄚ有流”的简妙的说法，那就请替我做个枪手（不是要你包办文章，只是要你出主意而已）。但如无妙法，则ㄅㄚ中无流与ㄅ前ㄚ后有流（虽然无用）之说，我总觉得有些别扭也。惟先生教之，幸甚幸甚！并希于一半天内赐书为荷。

弟龟竞白

廿一，二，十三，灯下

识略：

钱玄同（1887—1939），浙江湖州人，近代著名文学家，新文化运动的倡导者。他大刘半农4岁，早年留学日本，成为章太炎弟子，与黄侃、鲁迅、周作人等师出同门。1910年回国后从事教学工作，1913年至北京任教于北京高等师范学校，1915年开始兼任北京大学教授，1917年又兼任北大国学门导师。此时刘半农进入北大任教，从而开启了两人十七年的心照神交。

此信写于1932年2月13日，署名为“龟竞”。所用信纸为“苦雨斋”信笺，故而从信笺上看，会以为是周作人所写，但文人间互赠信笺为常事，用赠送之信笺写信就再自然不过了。因此此信还需从内容、字体及署名上来做判断。“龟竞”署名，见于周作人《知堂回想录》之“一二六二马之余”条，其文曰：“玄同本来也会喝酒，只因血压高怕敢多吃，所以曾经写过一张酒誓，留在我这里……‘我从中华民国二十二年七月二日起，当天发誓，绝对戒酒，即对于马凡将、周苦雨二氏，亦不敷衍矣。恐后无凭，立此存照。钱龟竞十。’下盖朱文方印曰龟竞……”信中的字体也符合钱玄同的笔迹，因此确定此信出自钱玄同之手。

钱、刘二人是好友，不仅是同一战壕的战友，更是学术上的诤友。两人一见面就是“抬杠”，从口头到笔头。这封信是因为语音学方面的问题，钱玄同征询刘半农的意见。从语气上看就是丝毫不客气，真是有生之年即“抬杠”之日。刘半农曾作打油诗一首，纪念与钱玄同“抬杠”之事，诗曰：“闻说杠堪抬，无人不抬杠。有杠必须抬，不抬何用杠。抬自犹他抬，杠还是我杠。请看抬杠人，人亦抬其杠。”

钱玄同与刘半农的交往，过去主要聚焦两人在五四新文化运动的这一段时期，至于晚年，似乎两人的关系淡化了，除了聚餐时的晤面谈天外，其他都已经不复存在了。然此信却说明一个事实：其实两人关系一直很亲密，“抬杠”只是趣味而已，相互的学术支持贯穿于两人交往的始终。从个人感情而言，钱对刘的早逝是极为痛心的，《钱玄同日记》1934年7月14日条载：“得幼渔电话云，半农于今日下午二时一刻逝世，殊为惜痛……自闻半农噩耗，一幕一幕地想起来，拟撰一挽联，未毕，又拟于《国语周刊》上写一纪念文。”

又有7月16日条载:“半农于今晨八时在协和地窖殓,友人往者甚多,我未往,七时顷回家,偕婠、强二人(雄孔德有事)至北大一院门口候路祭……即移灵后门外之嘉兴寺,我亦送往,安柩时又行三鞠躬礼……四时又往嘉兴寺,因接三也……”钱玄同其时已患有严重的高血压,故未能去协和医院参加半农的入殓,而是偕妻子和三子钱三强在路边等候,与送葬队伍会合后一起送至嘉兴寺。

又7月18日条载:“九时归,动手做《亡友刘半农先生》一文,甫半,明日上午必须赶定。”

从以上记述可看出钱对刘的私人情感是相当深厚的,这是老朋友之间的真情流露。《亡友刘半农先生》一文客观公正地对刘半农在国语运动上的三点贡献做了细致的罗列,对于这点,钱应当是最有发言权的。这其中并无夸大、溢美的成分,完全是客观而公正的评价。

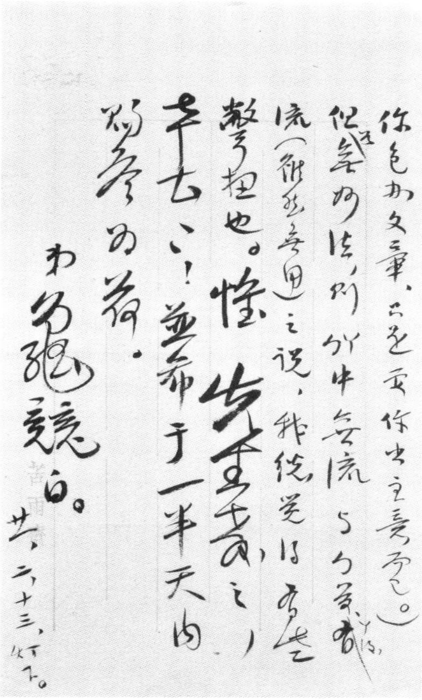

2. 傅斯年致刘半农信札

民国时期

纵27.6厘米　横18厘米

毛笔草书　使用标点　国立中央研究院用笺(框格纸)1页

江阴市博物馆藏品　2003年刘育伦捐献

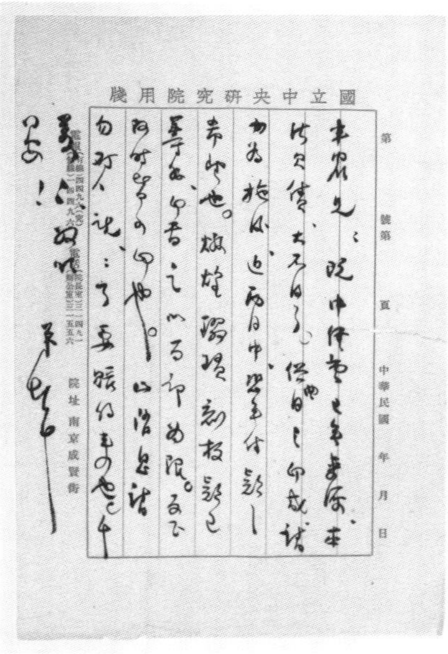

释文:

半农兄:

既中经堂已无来源,本所欠债,大不得了。俗曲目之印成,请切为拖后,近两月中,恐无付款之希望也。敦煌掇琐刻校款已筹好,印书乞以百部为限。反正何时皆可印也。此消息请勿对人说,说了要账的来也。千万千万,敬颂日安!

弟斯年

识略:

中经堂:指中经堂的赞助费。

俗曲目:《中国俗曲总目稿》,刘半农、李家瑞等合编,国立中央研究院历史语言研究所1932年5月出版。

敦煌掇琐:《敦煌掇琐》中卷,国立中央研究院1934年初版。

傅斯年(1896—1950),字孟真,山东聊城人。我国著名历史学家、古典文学研究专家、教育家、学术领导人。五四运动学生领袖之一、中央研究院历史语言研究所的创办者。

傅斯年小刘半农5岁,1913年考入北京大学预科,1916年升入本科国文门。刘半农则于1917年进入北大预科任教,两人交集就由此开始。就像胡适与傅斯年之间的师徒之名分,刘与傅最初也应当保持着这种关系。随着五四运动的深入,两人逐渐走近,接着两人又几乎同时赴英国留学,在国外求学期间,师徒关系转而更像是朋友关系。

《傅斯年全集》第七卷载有1918—1950年间傅斯年的许多私人信件,从这些珍贵的史料中梳理出的他与刘的关系是很客观和真实的。就像胡适非常了解刘半农一样,傅斯年也是如此,甚至有过之,因为傅与刘不仅仅是朋友，更是知己。

1920年傅斯年致信蔡元培，信中说：“半农先生在伦敦，常相见。均好。”这点在刘半农《欧游回忆录》中同样可以看到，那时两人相互鼓励，相互支持。患难中建立起来的感情是最真实的，这种感情一直延续至1934年刘半农去世，甚至以后。刘小惠在自己的回忆录中也常提及她的父亲刘半农在欧洲留学期间的往事：从伦敦到巴黎再到柏林，傅都是他们家的常客，其实刘半农一直将傅当作小弟弟对待，而傅也从不拿自己当外人。

留学归国后，傅斯年在中山大学任教，后筹建历史语言研究所。他在写给蔡元培的信中也多次提及刘半农，想请他担任史语所的特邀研究员，并为此一直在做刘半农的思想工作，最终圆满解决，刘半农成了史语所的兼任教授，在史语所担任民间文艺组主任一职，刘与傅开始进入同事关系阶段。陈寅恪为历史组主任，赵元任为语言组主任，李济为考古组主任，史语所如此豪华阵容，足以汗颜当时群雄，也由此确立了傅斯年学术领袖之地位。

傅斯年在中山大学创立的历史语言研究所，在蔡元培先生的鼓励和支持下，纳入了中央研究院的序列当中。1929年春由广州迁至北平（北海静心斋），1933年4月史语所自北平迁往上海曹家渡小万柳堂，1934年再由上海迁往南京钦天山北极阁史语所大厦，傅一直为此奔波谋划。这封信也可以让人们从侧面了解到当时这段艰辛的历程。《刘半农日记》虽仅保存他最后半年的事迹，但研究价值极为珍贵，其中对傅斯年的记载值得寻味，日记中对傅的称谓有四：傅孟真、孟真、老傅、傅大胖。而“傅大胖”出现的频率最高。没有任何人有如此多且如此“形象”的称谓出现在他的日记当中，若说二人不是知己，又该如何解释？

仅将傅斯年1934年7月23日致胡适的信（载《胡适遗稿及秘藏书信》第三十七册第422—424页）来作解答：

适之先生：

闻半农之死，为之流涕者数次。以私论，此公为我之知己，十六七年好友矣；以公论，此为友人中最努力之一位，北大老教员中第一位不该死者。他独先死，想到我们打架时，不知涕之泣然也。

他死后的事：一、抚恤；二、捐赠；三、纪念。吾等公私皆欲竭力。抚恤事，大约所中可出三千元（如不格于功令）。赠事之大家商量。纪念事，拟在本院基金利息下为之，设scholarship，年约一千二百至一千五百光景，已得在君（丁文江）同意。此节之便告孟麐先生（北大校长蒋梦麟）。

手示一节，自当助成之，惟何位相宜，乞待斯年到平后面商（一周内北返），乞先勿向任何人说也。

敬颂著安！

学生斯年

七月二十三日

为之涕泣，更为之欣慰，半农先生有如此知己，足矣！“最努力之一位”“一个‘勤’字足盖百种短处”（《胡适日记》）的刘半农是否可以让“憎恶他的近几年”（《忆刘半农君》）的鲁迅先生为之歉仄乎？

傅斯年尽到了一个知己应尽的责任，试看王汎森的《刘半农与史语所的“民间文艺组”》一文（载《新学术之路》上册，中央研究院历史语言研究所，1998年10月出版），其中载有傅于1937年2月9日写给刘半农夫人朱惠的一封信，信中可知在半农去世三年后，傅还在竭尽全力地给予刘家帮助与关怀，或许能做到这点的也只有他了罢！

3. 徐悲鸿致刘半农信札

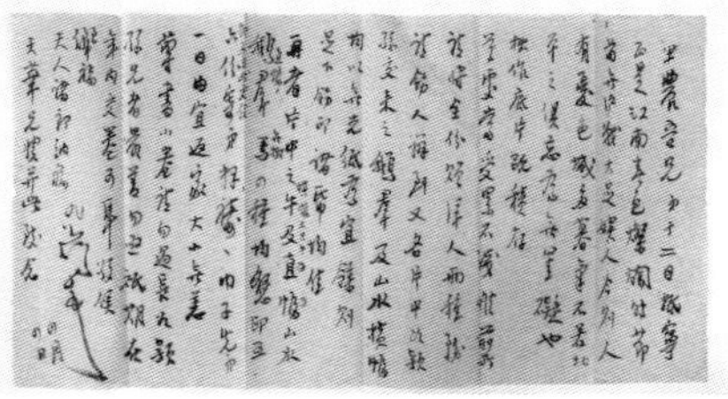

民国二十一年（1932）

长45.9厘米　宽24.5厘米

毛笔行书　未用标点　普通信纸

署四月四日

江阴市博物馆藏品　2003年刘育伦捐献

释文：

半农吾兄：

弟于二日抵宁，正是江南春色灿烂时节，苟无沪战，大足娱人。今则人有忧色，城多暮气，不若北平之俱忘为无罣碍也。拙作底片既积存尊处，当受累不浅。惟前所请，将全份赠洋人两种，务请饬人办到。又各片中，如颖孙交来之鹅群及山水横幅，均以无光纸为宜，余则足下饬印诸纸均佳。横幅三只牛，再者，片中之牛及直幅山水、直幅杂树、鹅群、马四种，均恳印五，能多自然更佳。六份寄弟，拜祷。

内子先弟，一日由宜返家，大小无恙。书小卷请勿过长，如颖孙兄者最善，勿亟，只期在年内交卷可耳。敬候俪福、悲鸿拜夫人诸郎纳福。

天华兄嫂并此盼念

四月四日

识略：

徐悲鸿（1895—1953），江苏宜兴人，中国现代著名画家，美术教育家。

徐悲鸿小刘半农4岁，自小受父亲影响，对美术痴迷不改。年轻时数度赴沪学画，渐有名声。1918年由日本回国后，经华林介绍，结识蔡元培，被蔡聘为北京大学画法研究会导师，又应李石曾之邀，在孔德学校担任教学。刘半农于1917年被蔡聘为北大预科教授，早徐悲鸿一年进入北大担任教职。按徐自述“既居京师，观古宫及私家所藏，交当时名彦，益增求学之渴念”。徐与刘应当在1918年就开始有了交集。鲁迅《戊午日记（1918）》“十二月二十二日”条载：“……星期休息。刘半农邀饮于东安市场中兴茶楼，晚与二弟同往。同席徐悲鸿、钱秣陵、沈士远、君默、钱玄同。十时归。”从这条可看出，徐悲鸿来北京后不久，就与周氏兄弟、刘半农、沈氏兄弟等当时诸名彦来往频繁了。1919

年元旦，徐悲鸿辞去北大画法研究会导师之职，并于3月20日偕妻出国留学，先抵英国，再至法国，并考入巴黎国立最高美术学校。刘半农于1920年2月开始了留学生涯，先后在英、法、德三国学习。在欧期间两人之间是否有较多的交往，尚无可靠之史料佐证，但1923年至1925年，两人同在巴黎学习，加之原已结识，彼此间交流应该还是有的。此后刘回国继续任教于北大，而徐则再返欧洲深造，至1927年秋始返。回国不久即应南京中央大学之聘，任艺术科教授。1928年10月应北平大学艺术学院之聘，到北平任该院院长。1929年1月底辞职南返，专心主持中央大学艺术科的教学工作。也正是在这短短的院长任期内，徐悲鸿与刘氏兄弟的关系得到了进一步的提升，主要原因不仅是原来就已相识，还因刘天华当时在北平大学艺术学院担任音乐教员，同事兼领导的关系更加深了彼此间的友情。这其中杨仲子也起到重要的作用。不容忽视的还有刘半农在摄影方面的特长，徐悲鸿的这封信就与此相关。

1933年1月，徐悲鸿开始欧洲的巡回画展，直至次年8月方才回国，而此时刘半农已去世近一月了。

这封信所展示的内容，在过去两人的资料中均未有记载，甚至于徐悲鸿的自述中也未提及，这就让人觉得两人仅仅是一般的朋友关系。但看了这封信以后，这种观点应当予以纠正。徐与刘之关系用“好友”来形容，应当是在情理之中的。

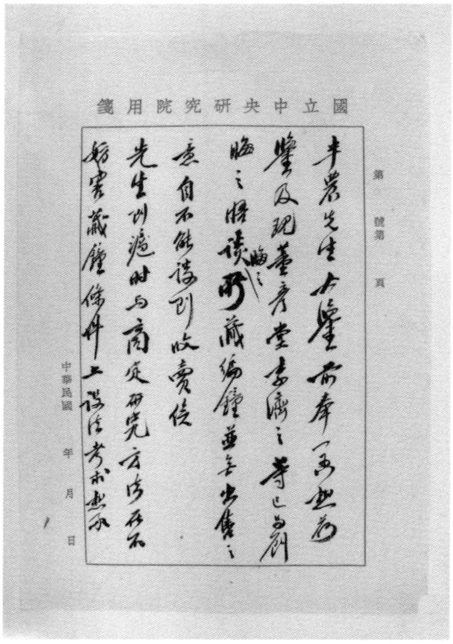
國立中央研究院用箋
中華民國 年 月 日

4. 蔡元培致刘半农信札

民国二十二年（1933）

长26.8厘米　宽18厘米

毛笔行书　未用标点　国立中央研究院用笺（红框信笺）2页

署四月廿七日

江阴市博物馆藏品　2003年刘育伦捐献

释文：

半农先生大鉴：

前奉一函，想荷鉴及。现董彦堂、李济之等已与刘晦之晤谈，晦之所藏编钟并无出售之意，自不能谈到收卖（买）。俟先生到沪时，与商定研究方法，在不妨害藏钟条件上，设法考求，想承赞同。彦堂原函奉览，并祝著安。

弟元培敬启

夫人暨世兄妹均安，卫超伟兄已请其访化学研究所所长王季梁君，俟彼等晤谈后方能决定是否可在助理与练习员中安排。

四月廿七日

附件：董作宾致蔡元培信札

民国二十二年（1933）

长29厘米　宽20.5厘米

毛笔行书　使用标点　故宫博物院制“善本书影”笺1页

署廿二，四，廿六

江阴市博物馆藏品　2003年刘育伦捐献

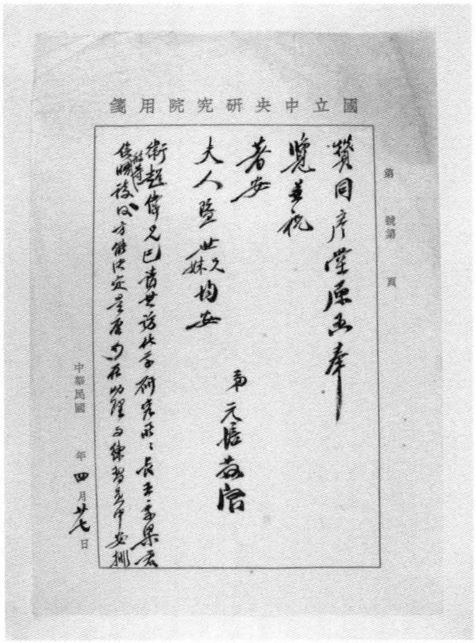

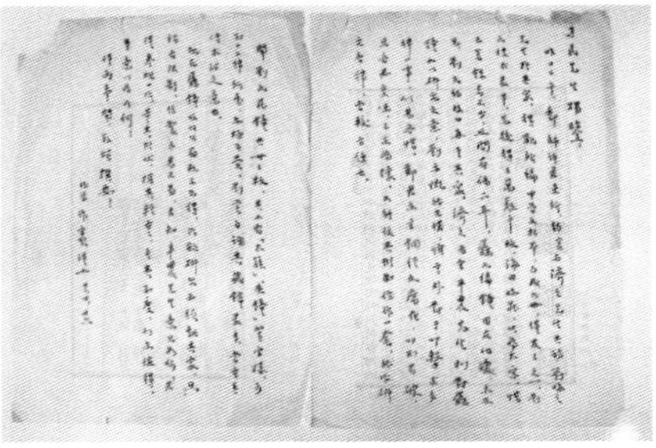

释文：

孑民先生赐鉴：

昨日下午，郑师许君来所，约宾与济之先生共访刘晦之先生于其家。

得观所编甲骨文拓本。已成六册，仅及三（分）之一。刘氏搜求最早，先后得三万数千版，海内收藏。此为大宗。惜已著录者不少，且间有伪品耳。

驫氏编钟因在他处，未及见，刘氏约改日再至其家。济之为言半农先生拟对驫钟加以研究之意，刘亦慨然允诺，惟言外对于叩击求声律一事，似甚吝惜。郑君亦言铜经久腐化，叩则易破，且音必变哑，不足为据。如能依其形制仿作一套，然后研究音律，当较方便也。

闻刘氏藏钟共卅三枚，其上有“太簇”“夹钟”等字样，可别十二律所属，亦极可贵。刘尝自诩其藏钟最多，当无善价求沽之意也。

现在驫钟收归公有既不可得，如欲研究必须就其家，且稍有限制，仿制亦甚不易，未知半农先生意见如何？若仅参观一次，量其形状，权其轻重，考其制度，似亦值得。尊意以为如何？

谨函奉闻，敬颂撰安！

后学作宾谨上

廿二，四，廿六

识略：

李济之（1896—1979），即李济，人类学家，中国现代考古学家、中国考古学之父，时在河南发掘殷墟文化遗址。

王季梁（1888—1966），浙江黄岩人。化学家，中国现代化学开拓者之一，时任中央研究院化学研究所所长。

郑师许（1897—1952），东莞人，原名郑沛霖。毕业于南京金陵大学，历任交通大学、暨南大学、大夏大学、中山大学教授。

北大校长蔡元培对于刘半农来说，可谓是有知遇之恩，加之陈独秀之力挺，促使这位鸳鸯蝴蝶派小说家蜕变成文坛斗士，踊跃于五四新文化运动的潮头。两人相识应在刘半农赴北大任教之时，从相识到相交，二人亦师亦友，且私交甚密，这与半农为人有着密切的关系，包括蔡的后任蒋梦麟校长，也同样延续着与半农的这种友谊。

五四运动爆发后，蔡校长以辞职抗议当局镇压抓捕学生的行为，北大召开教授临时会议，推举刘半农为该会负责人，负责挽留蔡校长，并应付六三运动诸事宜。民国十八年（1929）八月和十九年（1930）十月两次被公推为教授代表，南下欢迎蔡先生回北大履职以及挽其留任事宜。显然两人关系并非泛泛，北大教授们对此也皆有共识。究其所以，下列诸事可做注解：

（1）周作人《知堂回想录》一六六之“蔡孑民”条有云：“黄季刚最大胆，往往昌言不讳。他骂一般新的教员附和蔡孑民，说他们‘曲学阿世’，所以后来滑稽的人便绰号蔡孑民叫‘世’，如去校长室一趟，自称去‘阿世’去。知道这名称，而且常常使用的，有马幼渔、刘半农诸人，鲁迅也是其中之一，往往见诸书简中，成为一个典故。”

（2）民国二十三年（1934），戴季陶由西安发出通电，“禁止学术团体随处发掘，以免破坏民族历史云”，把矛头直指蔡元培，蔡先生随即发表了《致戴传贤》的公开信，严词批驳戴氏所云。同日，刘半农撰《南无阿弥陀佛戴传贤》一文，于5月13日南京《民生报》和6月1日的《论语》上公开发表，揭露和抨击戴氏之迷信复古和卖国媚敌思想。由此可看出蔡、刘之间的默契。士为知己者死，半农先生为捍卫学术和蔡先生之尊严，可谓义无反顾矣！

此信的内容主要是蔡先生对刘半农提出的国家收购刘晦之所藏屭氏编钟之要求顾虑重重，但支持其先期展开研究工作。（注：屭氏编钟后来被日籍财阀重金收买，至今下落不明。）如当初听从半农所言，或不致如此流失国宝，可叹可惜矣。

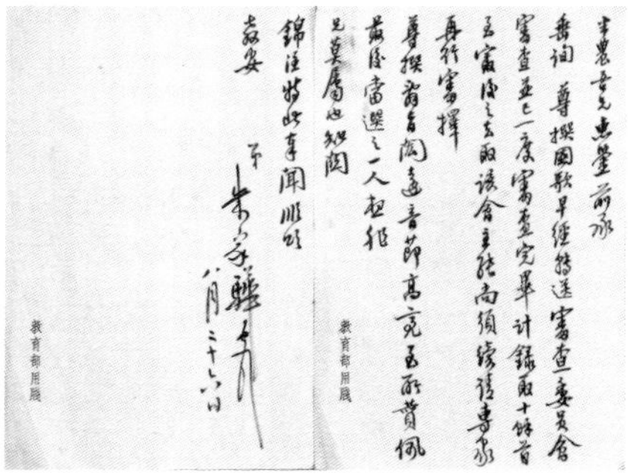

5. 朱家骅致刘半农信札

民国二十一年（1932）

长28.2厘米　宽17.9厘米

毛笔行书　未用标点　“教育部用笺”信纸2页

署八月二十六日

江阴市博物馆藏品　2003年刘育伦捐献

释文：

半农吾兄惠鉴：

前承垂询，尊撰国歌，早经转送审查委员会审查，并已一度审查完毕，计录取十余首至最后之去取。

该会主张尚须续请专家再行审择。尊撰：辞旨闳远、音节高亢、至所赞佩。最后当选之一人，想非兄莫属也！知关锦注，特此奉闻，顺颂教安！

弟朱家骅拜叩

八月二十六日

识略：

朱家骅（1893—1963），字骝先，浙江吴兴人，中国近代教育家、科学家、政治家，近代地质学奠基人。

朱家骅小刘半农2岁，16岁赴上海同济德文医院学习，1914年自费赴德国留学，1916年回国。1917年经沈尹默介绍，受蔡元培之聘担任北京大学预科教授（24岁），是当时北大最年轻的教授，也是最早的北大第二外语德语的教授，是我国第一代的德语正规教师。而此时的刘半农也同样经陈独秀的推荐，被蔡元培聘为北大预科教授（26岁），两位年轻的教授就此相识。

1918年，在蔡元培的帮助下，北大一批年轻教授获得了北洋政府公费留学的机会，当年朱家骅去了美国，而刘半农则于一年半之后去了欧洲。朱家骅于留学的次年转到欧洲继续深造，1920年转入柏林大学地质系，1922年获得了博士学位，后又入瑞士苏黎世大学学习英语和经济学，1924年回国至北大复任地质系教授兼德文系主任。刘半农于1925年回国，在北大，两位博士又成了同事。但相聚总是短暂的，1926年，朱家骅受到迫害，离开了北京，后南下广州与戴季陶共同创办中山大学，任校务副主任委员、代理校务委员长，实际负责中山大学的创办工作，此后担任中山大学的校长。这期间，朱、刘二人天各一方，见面的机会应该不多。1931年12月，朱家骅辞去中山大学校长一职，赴南京任教育部部长。1932年10月，调任交通部部长。此信就是其担任教育部部长时，写给刘半农的，时间应为1932年8月26日。

朱家骅致刘半农信札，主要是答复刘半农关于国歌遴选的事宜。有关这段史料，过去在刘半农的资料里从未出现过，但事实确实存在。刘半农作词、赵元任谱曲，这对“黄金搭档”有过骄人的事迹：《教我如何不想她》当时红极一时，广为传唱；1928年，两人又合作创作了东北大学校歌，歌词充分体现了不忘国耻、振兴中华的爱国情怀。从朱家骅的信中可看出，他是拜读过刘半农的参赛作品的，对该作品的歌词和曲调都持肯定的态度。而此次创作是否还是刘半农、赵元任的再度合作，应该说可能性极大，毕竟“黄金搭档”的组合是很有征服力的。或许今后这类材料解密公布以后，答案自然会水落石出。这次国歌征集活动的最后结果是因为无法取舍，终以党歌代替国歌收场。

刘半农参加国歌遴选这件事，可以理解为他的一种爱国情结。国歌、国旗是一个国家和民族的象征，作为一名知名高级知识分子，刘半农肯定是带着严肃和庄重的满腔热情投入到创作中去的，并对此寄予了厚望，不然也不会向教育部部长探询遴选的结果。站在历史的角度来看，这种爱国主义精神是永远值得提倡和鼓励的。

6. 沈尹默致刘半农信札

民国二十年（1931）

长29.9厘米　宽20厘米

毛笔行书　未用标点　“国立北平大学用笺”框格信笺1页

署六月二十日

江阴市博物馆藏品　2003年刘育伦捐献

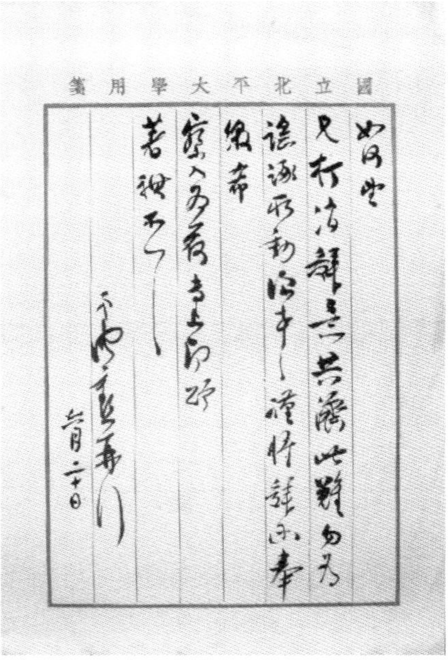

释文：

如何？望兄打消辞意，共济此难，勿为谣诼所动，深幸之。谨将辞函奉缴，希察入为荷。专上，即颂著祺不一。

弟沈尹默再拜

六月二十日

识略：

沈尹默（1883—1971），祖籍浙江省湖州市，出生于今陕西省安康市汉阴县。是沈氏三兄弟中的老二：沈士远之弟、沈兼士之兄，著名的教育家和书法家。

沈尹默大刘半农8岁，早年（1905）曾有赴日本短暂游学的经历，归国后一直在家乡浙江从事教学工作。1913年，经友人举荐，赴北京大学担任预科教员，教授中国历史课，自此开始了其16年的北大教书生涯（其中1929年至1931年间担任河北省教育厅厅长），由教员最后做到北平大学的校长。刘半农于1917年进入北大，作为五四新文化运动同一阵营的战友，二人开始了长达17年的友谊。1932年，沈尹默辞去北平大学校长职务，南下上海，担任了中法文化交换出版委员会主任，两人就此分开。1933年，刘半农出版《初期白话诗稿》一书，其中就收录了沈尹默的九首白话诗，可见两人虽然分开了，但并未失去友情。

沈尹默和马裕藻一样，进入北大任教比较早，因此都属于资格老、地位高的人物，但是他们思想都不保守，是新文化运动的积极参与者。沈尹默"沉着有思虑，因此虽凡事退后，实在却很起带头作用，朋友们送他一个徽号叫'鬼谷子'"（周作人语）。刘半农则恰恰相反，在文学革命中，始终是冲在队伍的前列，他的冲锋陷阵与沈尹默幕后的运筹帷幄形成了鲜明的对比，共同携手为新文化运动摇旗呐喊。

1920年，刘半农出国留学，而沈尹默也于次年再次东渡日本进修。回国后，两人经常合作，相互帮助和提携。1926年，刘半农校点唐韩偓《香奁集》，沈尹默为之作序。1929年，沈辞去北大教授一职，担任河北省教育厅厅长；1931年，辞去厅长职务，回北平担任北平大学的校长。刘半农于1930年5月担任北平大学女子文理学院的院长，1931年6月即辞去院长一职，此时，沈尹默正是他的顶头上司。

沈尹默致刘半农信札的内容，就是针对刘半农辞职的事。刘半农辞职，起因是北大女子文理学院发布《禁止女生入公共跳舞场布告》一事，此后刘半农又提倡学生改称"密斯"为"姑娘"。这两件事公布后，随即引起了争论（鲁迅也对此颇有微词），各类报纸上开始了轮番炒作，褒贬不一。刘半农和众人打起了口水仗，为坚持自己的观点，他主动提交了辞呈，以表达绝不让步的决心。刘半农的辞职信写于1931年6月19日，分别致教育部、沈尹默，并在北京《晨报·教育界》公开发表。此信即是沈尹默接到刘半农辞职信后的回复，署日期为"六月二十日"，也就是刘半农发表辞职信的次日。该信内容不全，缺失上半部分，甚是可惜。在信中，作为刘半农的直接领导，沈尹默言辞恳切，竭力挽留，并退还了辞职信，表明其不接受刘的辞呈。无奈刘半农去意已决，辞职终成定局。

沈尹默是学界公认的书法大家，信中的书法确实与众不同，让人流连回味。

7. 周作人致刘半农信札

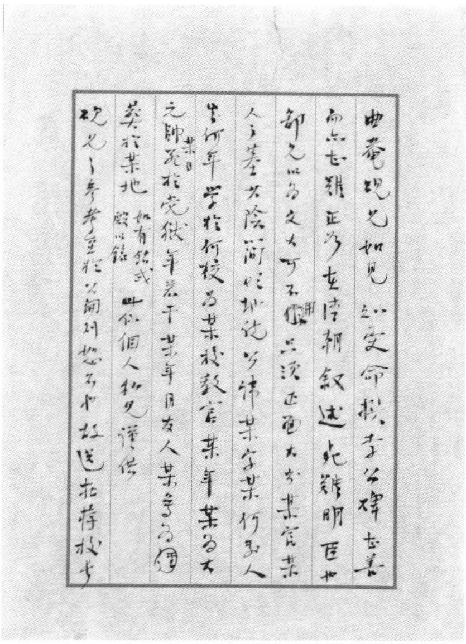

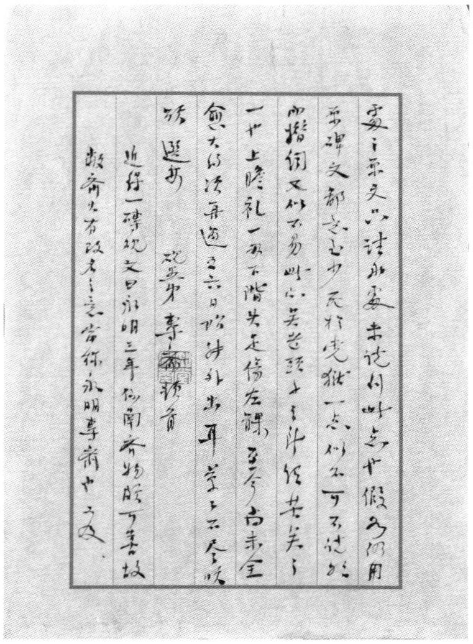

民国二十二年（1933）

长27.8厘米　宽19.6厘米

毛笔行书　未用标点　框格信笺2页

未署日期（1933年4月17日）

署名：专斋　钤：方形白文“知堂和南”印

江阴市博物馆藏品　2003年刘育伦捐献

释文：

曲庵砚兄如见：

知受命撰李公碑，甚喜，而亦甚难，正如在清朝叙述死难明臣也。鄙兄以为文大可不用，只须正面大书某官、某人之墓。其阴，简明地说公讳某、字某，何处人，生何年，学于何校，为某校教官，某年某为大元帅，某日死于党狱，年若干，某年月友人某尊为，葬于某地，如有铭或殿以铭。此系个人私见，谨供砚兄之参考，至于公开则恕不也。故送在蒋校长处之原文，只注两处未说到此点也。假如仍用原碑文，鄙意至少死于党狱一点似不可不说，然而措词又似不易，此亦吴老头子之所谓苦矣之一也。上瞻礼一因下阶失足，伤左踝，至今尚未全（痊）愈，大约须再过五六日始能外出耳。草草不尽，顺颂选安！

砚愚弟专斋顿首

近得一砖砚，文曰“永明三年”，系南齐物，颇可喜，故敝斋大有改名之意，当称永明专斋也。又及！

识略：

吴老头子即吴敬恒。

《周作人日记》1933年4月8日、10日、17日条可与之对应。

周作人（1885—1967），又名启明、启孟、起孟，笔名遐寿、仲密、岂明，号知堂、药堂、独应等。是鲁迅（周树人）之弟，周建人之兄。浙江绍兴人。中国现代著名散文家、文学理论家、评论家、诗人、翻译家、思想家，中国民俗学开拓人，新文化运动的杰出代表。

周作人大刘半农6岁，两人的交集可追溯到1917年的北大。周作人4月1日至北京，最初被聘为北大附设的国史编纂处编纂，至9月正式被聘为北大文科教授，并兼国史编纂处纂辑员。此时刘半农也接受聘请北上担任北大预科的教授，从此开启两人相识、相交、相知的17年历程。其实早在两人相识之前，周作人已经由《新青年》上刊登的刘半农文章，而对他略有了解了。

为李大钊撰写墓志，并为其夫妇书写墓碑是刘半农作为朋友和同事所应尽的义务，在这件事上，周与刘也承袭了过去一贯的默契，将诸如此类台前、幕后式的协作发挥到淋漓尽致。1933年4月10日，李大钊生前好友胡适、周作人、刘半农等13人联名发表为李大钊举行公葬的倡议书。4月15日，受北大校长蒋梦麟的嘱托，刘半农起草了《故国立北京大学教授李君墓碑》，碑文概括了李大钊革命的一生，并给予高度的评价。由于碑文涉及李大钊罹难的细节，并点了张作霖等人的名字，故而诸多倡议者有不同意见，致使该碑文未被采用（刘半农撰写李大钊墓志原稿现藏中国国家博物馆）。

此信是周作人4月17日写给刘半农的，信的内容很明确，就是为刘半农支招。蒋校长将此重任交给刘半农来做（当然也只有刘半农敢做），是出于信任。而接手此项任务必定顾虑重重，大家都有所顾忌。刘半农再次站在了台前，而周作人为其策划于幕后，虽然此碑文终究未能被采用，实在是可惜，但周、刘二人确实尽力了。其实周作人为李大钊的身后事做了许多力所能及的工作，《周作人日记》中就记载得很明确。至于刘半农，在去世前4个月，还用唐人写经体书法为李大钊夫妇书写了墓碑，至今此碑还竖立在北京香山万安公墓李大钊夫妇的墓前。

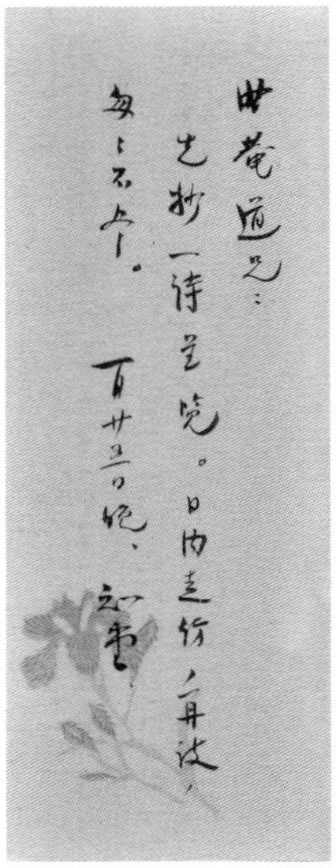
曲庵道兄：
先抄一诗呈览。日内走访，再说，匆匆不尽。
一月廿五日晚 知堂

8. 周作人致刘半农信札

民国二十三年（1934）

长22.8厘米　宽8.5厘米　长29.5厘米　宽19.4厘米

毛笔行书　使用标点

兰花纹信笺1页　清秘阁制“白石山人翁荷花图”信笺1页

署一月廿五日晚

署名：知堂　附纸上钤：方形朱文“苦茶菴知堂记”印

江阴市博物馆藏品　2003年刘育伦捐献

释文：

曲庵道兄：

先抄一诗呈览，日内走访，再说，匆匆不尽。

一月廿五日晚知堂

再和苦茶先生聊自嘲也，适之。

“老夫不出家，也不着袈裟。人间专打鬼，臂上爱蟠蛇。不敢充油默，都缘怕肉麻。能干大碗酒，不品小钟茶。”末句用典出在大观园栊翠菴。天风先生自嘲诗只四韵，意似不完，因为续貂，足成五言八韵云尔。

一月十九日苦茶

“双圈大眼镜，高轩破汽车。从头说人话（刘大白说），煞手揍王巴（桐城谬种、选学妖孽）。文丐连天叫，诗翁满地爬。至今新八股，不敢过胡家。”马二先生读至此，曰：“王敬轩乎？”大不敬。

识略：

天风先生：胡适。

马二先生：马裕藻。

大观园栊翠菴：《红楼梦》中妙玉修行处。

桐城谬种、选学妖孽：五四新文化运动中批判桐城和文选两派的名句。

《周作人日记》1934年1月25日条“发信半农”有载。

两首诗同样见诸《胡适日记》，可为对应。

“苦茶菴知堂记”印：1934年1月25日魏建功为周作人所刻。

这封信涉及的内容主要是“周作人五十自寿诗”事件。事情的起

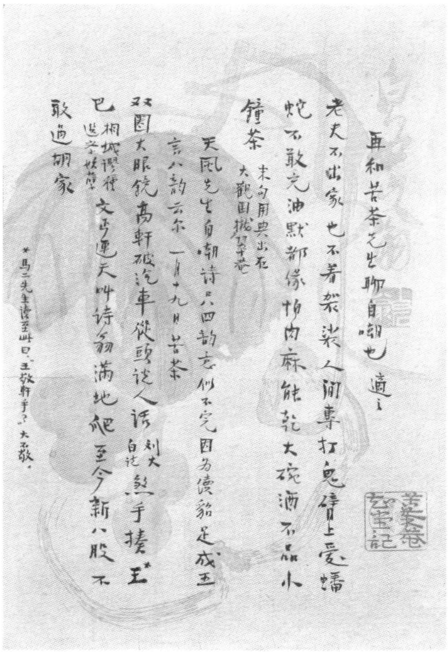

因是1934年1月，周作人按习惯为自己虚岁五十大寿庆生，1月13日他用牛山体写下了一首打油诗。当日晚，徐祖正于家中设宴，参加的有十人（周、刘二人的日记皆有记述），刘半农也在此列。当晚的氛围肯定很热烈，刘半农抢得了这首诗的原稿（见自批自注《桐花芝豆堂诗集》载《论语》半月刊37期）。1月15日周作人生日当天，他在家设宴五席，招待亲友（刘半农未去），其间他将诗文抄录转送给参加晚宴的沈尹默、沈兼士、钱玄同等，同样是当天，他又依牛山体再作一首自寿诗，但此诗是否抄录给众人就不得而知了。还是当天他写信给刘半农，信中说的即是13日被刘半农抢走的那首诗稿，他并不反对刘半农将此诗稿公开发表，如要发表应注意署名和斋号问题。其实13日徐祖正家的晚宴，周作人已经要求刘半农按原韵和诗一首，并同时对和诗做了许多要求，但刘半农并未按周的意思公开发表，倒是周的学生赵巨渊（赵澄）拿去寄给上海的《现代》月刊，于2月1日影印刊登出来，题为《五十诞辰自咏诗稿》，同时刊登的还有周作人和他家人的合影（赵巨渊拍摄），以及五十寿宴的请柬，可谓是隆重之极。然而周作人的朋友们几乎都知道了这首诗，都纷纷写来和诗，最早的要数沈尹默，1月16日就有和诗送给周作人，其后沈兼士、徐祖正、俞平伯、钱玄同、马裕藻、胡适、蔡元培等纷纷和诗。此信写于1月25日晚，是周作人抄录胡适的和诗，并做了补充。查阅《胡适日记》1934年1月17日条，除记录了周作人第一首自寿诗以及16日沈尹默的和诗以外，还将周作人按语和自己的两首和诗也记录在案。1月20日则记载了周作人将其中的一首做了补充，说的就是此信中的内容。

其实事情到此结束，也不会引起更多的关注，这只不过是文人间唱和与风雅，影响力还是有限的。此时林语堂正好在上海独立单干，《人间世》创刊正愁找不到题材，他抓住了这次机会，狠狠地炒作了一把，刘半农也随之被卷了进来。《刘半农日记》1934年3月2日条载：“林语堂来函，又欲办一小品文杂志曰人间世，嘱撰稿，此等笔债，真对付不完。”从日记来看，刘半农并非主动参与其中，之前的唱和也不积极，更不用说替周作人发表了。也正是林语堂来函后，或许是受了他的鼓动才开始响应唱和周作人的自寿诗的。日记的3月15日条记：“蒋梦麟夫妇请国文、心理、生理三系师生茶叙也，余于余兴时读近作打油诗六首……”3月22条记：“夜，函钱京华、林语堂……”记录了刘半农参与此事的过程。至4月5日《人间世》创刊号上，连续好几页的专版，除周作人的两首自寿诗以外，刘半农的四首和诗，沈尹默、沈兼士的七首及林语堂的和诗被刊登了出来，此后胡适、蔡元培等的和诗也被相继刊出，至此，事态扩大，影响力也骤然上升，从而引起了一些人的不满，特别是激进青年（领袖是鲁迅）的不满，批评声逐渐出现：廖沫沙、胡风相继发表文章，批评周作人的诗及唱和的人们，双方开始了唇枪舌剑的争论，周作人的小品文与鲁迅的小说也成了争论的焦点。

9. 林森题“忠信勤俭”匾额

民国时期

长227厘米　宽77厘米　厚3.5厘米

楷书　木质

江阴市青阳实验小学藏品

林森：字子超，号长仁，福建闽侯人，国民党元老。此匾额为时任国民政府主席的林森为青阳私立尚仁初级商科职业学校所题之校训。

青阳尚仁初级商科职业学校为江阴籍旅沪商人薛福基创办，薛福基是中国橡胶工业的开拓者。该校的创立，不仅为企业输送专业人才，也为解决家乡青年的求学之路打下了坚实的基础，许多优秀学生后来成了我国橡胶工业的骨干。

10. 胡适题“君匋图书馆”匾额

民国时期

长170厘米　宽33.5厘米　厚4厘米

楷书　木质

江阴市月城镇文化中心藏品

胡适（1891—1962），安徽绩溪人，中国著名思想家、文学家、哲学家，五四新文化运动的领导者。

丁君匋（1909—1984），江苏江阴月城人，中国著名出版家、社会活动家。1948年，由他捐款筹建的君匋图书馆在家乡月城落成，藏书达数千册，深受乡民欢迎。馆名匾额为创办时由胡适先生所题。

四、地方史文物

1. 曹颖甫著《气听斋诗抄》

清代　抄校本

高24厘米　宽13.5厘米

江阴市博物馆藏品　曹枫捐赠

《气听斋诗抄》，清宣统元年（1909）线装本，十卷。全书收录曹颖甫所作诗文，任光济作序，序后有丹徒丁立钧（1854—1902）于光绪辛丑（1901）对曹颖甫诗文的评价。

曹颖甫（1868—1937），清代名医，名家达，字颖甫，一字尹孚，号鹏南，晚署拙巢老人，江苏江阴人，气听斋为其斋号。清光绪二十一年（1895）就读于南菁学院。中年迁居上海，被上海中医专门学校聘为教授。他注重临床实践，常借临床验案阐发病症变化机理，并以此进一步验证仲景经方的临床实用价值。1937年避居故里，江阴被日军占领后为保护妇女被杀害。著作有《伤寒发微》《金匮发微》《梅花集》《气听斋诗抄》，后人整理的著作有《经方实验录》《曹颖甫医案》《气听斋骈文零拾》等。

2. 周少梅编《国乐谱》

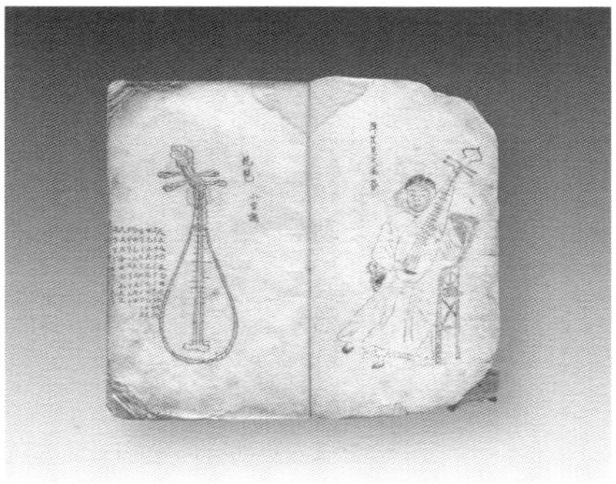

民国二十四年（1935）

高23.5厘米　宽14.7厘米

江阴顾山周少梅故居藏品

《国乐谱》是周少梅在无锡省立锡中编写的乐谱教材之一。

周少梅（1885—1938），江苏江阴顾山人，中国二胡音乐的拓荒者。现代民族器乐演奏家、音乐教育家。清光绪三十二年（1906），受聘于无锡荡口私立华氏鸿模高等学校，当国乐指导教师。其后在省立无锡三师、无锡中学、省立常州中学等校从事国乐教育达30年。他结合演奏活动和教学实践，广泛搜集整理江南民间曲谱，并改编了一些练习曲、独奏曲，编撰教材，如《乐曲集》《戏曲谱》《国乐谱》等。周少梅与华彦钧（阿炳）、刘天华等乐界名人俱有往来，音乐是他们友谊的桥梁，相互间的切磋，甚至传授，为二胡演奏技艺的突破与成型奠定了坚实的基础。江阴因为有周少梅、刘天华两位民族音乐大师，亦被冠以“民乐之乡”的称谓。

3. 王泮题款、蔡澍补款《朝阳关》碑额

明嘉靖癸未年（1523）

残长90厘米　宽48厘米

楷书　青石质

释文：

朝阳关

嘉靖癸未江阴县知县王泮等□

乾隆辛酉江阴县知县蔡澍重□

里民□□

识略：

此碑为博物馆旧藏，按嘉靖癸未计，距今近五百年。书法古拙遒劲，碑面残损，“朝”字缺“月”，题款亦磨损，无法全读，甚是遗憾。

嘉靖《江阴县志》卷十“武卫·朝阳关”条云：“在春晖门外，二关并。推官伍文定、知县刘纮建。”

崇祯《江阴县志》卷一“武卫·朝阳关”条云：“在春晖门外，并。推官伍文定，知县刘纮建。崇祯十一年，知县冯士仁修。”

道光《江阴县志》卷六“武卫·朝阳关”条云：“春晖门外，二关并。明正德三年，知县刘纮、推官伍文定以备倭创建，置屯守。”

朝阳关原貌已无从知晓，但可以肯定的是该碑应当立于显要之处，为抗倭所设，最初还置屯守。民国江阴地图尚有朝阳关录入，位于现阳光桥东堍。

知县刘纮于正德三年（1508）创建朝阳关，知县王泮于嘉靖二年（1523）书写碑额，其间相隔十五年。题款为明知县王泮，其后又有清知县蔡澍补款，其间间隔218年，不合常理。从字面来看，蔡澍补题款，字迹略小，与整个碑面文字不相协调，故而判断蔡澍有添足之嫌。

按嘉靖《江阴县志》“王泮”条云：“字文渊，河南滋州人。正德丁丑进士，授江阴令。奉身俭甚，衙户萧然，妻子着贫时荆布，人谓其廉也，出诸天性，不沽名不矫行，终三年如一日云。被召而行，行李一二肩，惟来时故箧，百姓攀号而送者若千人。升监察御史，逾年卒。”

道光《江阴县志》“王泮”条基本沿袭此内容，对其不沽名不矫行做了补充，即弘治《江阴县志》付梓，不署己名。由此看来，此任县宰是位大清官，人皆称颂也！

蔡澍雍正十三年（1735）任江阴知县，至其乾隆八年（1743）离任，共在位九年，是江阴历史上任职最久的县宰之一，按道光《江阴县志》“蔡澍”条所述，其修城墙、葺志剩、浚漕渠，妇孺咸识其面。故而蔡澍是位亲民、勤政之县令也！至今尚可见诸多由其署名之碑碣传于世，至于为何在此碑额上有添足之嫌，当为蔡县令仰慕王县令之廉而不沽，抑或“朝阳关”三字深得其钟爱，此为沽之嫌乎？

江阴至今尚保留“朝阳路”“朝阳桥”之称谓，当为朝阳关之孑遗矣！

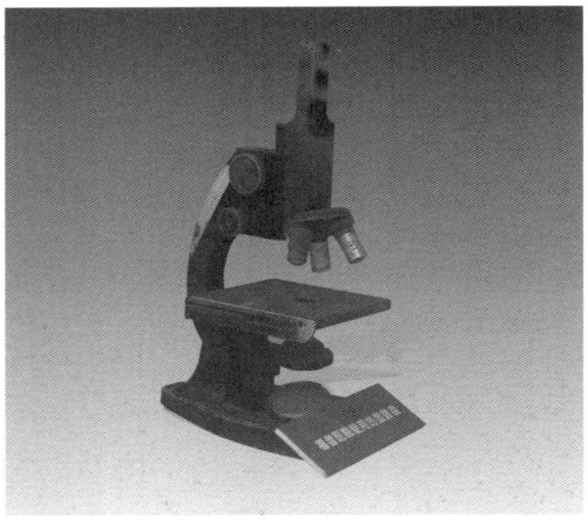

4. 光绪《福音医院》碑

清代

长110厘米　宽30厘米　厚13厘米

楷书　花岗石质

江阴市博物馆藏品

此碑为博物馆旧藏，福音医院为江阴市人民医院之前身，创建于光绪二十三年（1897），由美国传教士兼医师华尔德主持医疗门诊业务。

《江阴文史资料集粹》中有杨谨修、陈亮衡撰《江阴县福音医院简史》一文，甚为详尽。《江阴近事录》卷一“义局·福济医院”条中有关于福音医院的描述：“福济医院附设保婴局内，东外福音医院例以溽暑停诊，但因暑致疾者多，二年（民国）夏，邑人吴穆清等集资倡设临时医院，咸称其便。四年，福音医院暑中乃不停诊，福济医院遂撤。”

可以看出福音医院院址在东外，每年夏天因闷热都会停诊，民国四年（1915）取消暑期停诊之惯例而常年开诊。

按《江阴县福音医院简史》一文所述，福音医院落成于河南街，位置应在东门外现人民医院东区地段，此碑也应出土于此。

另文中有华尔德及福音医院之事迹，甚为感人，亦为之敬！

显微镜为江阴市人民医院收藏品，该院创建初期用于实验室化验。

5. 长方形铭文城砖

明代

长44.5厘米　宽22.7厘米　厚12.3厘米

土质　烧制

江阴市博物馆藏品　2015年杨威捐赠

灰白色长方形城砖侧面阳文铭曰：“常州府江阴县提调官主簿魏勉，司吏李守政，作匠陈□□。”

明嘉靖《江阴县志》卷十上“官师表”记载，洪武五年壬子（1372）主簿为魏勉，安徽宿州人，至洪武丙辰（1376），任职四年。

南京市的明城垣史博物馆2008年编撰的《南京城墙砖文》一书，收录了江阴县制造的城砖，其中有一件铭文与此一致，作匠名字为“陈又二”。

由此可推断，此方城砖为明洪武五年至八年（1372—1375）间所烧造。出土于江阴，亦可说明从明初开始，江阴烧制的城砖不仅供给当时的首都南京，同时江阴古城已经一改元代的土城墙，而逐渐使用砖砌的城墙了。此外，砖窑的此类官督民办的生产方式，已经开始在江阴出现，致使砖窑逐步成为本地经济发展中的一项重要支柱。

6. 十字碑拓片

近代

高215厘米　宽92厘米

纸质，为旧拓

江阴市博物馆藏品

拓片分上、下二部分。

上为篆书，从右至左为“呜呼有吴延陵君子之墓”。

碑铭共10个古篆，故称“十字碑”，相传为孔子所书。

下为楷书，文字多漫漶，为宋代常州知州朱彦的《季子墓碑后记》，原文为：“常州古延陵也，吴季子所封之地。至西汉为毗陵。又至东晋为晋陵，宋齐因之，隋平陈废晋陵为常州。唐因之，或曰，晋陵郡自晋武帝太康二年分曲阿为延陵，至隋徙治丹徒。唐武德三年，徙延陵还治故县，今润州之延陵镇是也。杜佑谓曲阿延陵季子庙，非古之延陵，古之延陵在今之晋陵县，其说明矣。而孔子所书季子墓碑，岁久盖湮没。开元中，明皇敕殷仲容摹刻之。唐大历十四年，润州刺史萧定重镌石延陵庙中，于是俗习徒见润之延陵季子庙，而不知常实古延陵季子之所封也。崇宁元年，余以罪谪守是州，因考太史公书历代地志通典图经，得其详矣。又得其所谓季子墓在晋陵县北十七里，申浦之西，又曰暨阳乡，而今暨阳隶今之江阴县，乃属令赵士涩访之，得大冢于暨阳门外三十里，申港之侧，旁有季子庙，与史记地志通典图经合。于是，表识其墓，谨樵牧耕凿之禁，又摹取孔子所书十字，刻碑墓上，设象祠之学中，以时率属吏诸生拜焉，所以示邦人，贵有德也。又备论历世废兴与俗习之变易，刻之碑下，后有君子得以览观焉。明年四月十五日，降授奉仪郎，知常州军州，兼管内劝农事，飞骑尉，赐紫金鱼袋朱彦记。”

季札是春秋时吴王寿梦第四子，称“公子札”，是一位与江阴历史渊源有关的古代贤人。传为避王位“弃其室而耕”，人称“延陵季子”。季札不仅品德高尚，而且是具有远见卓识的政治家和外交家。

季札于公元前485年去世，葬在申港西南，有关葬地的争论，至今不绝，甚至对碑文的十个古篆字，也颇多争议，在孔子手书问题上有肯定、否定和怀疑三种说法。比较流行的说法是“呜呼有吴君子”篆法敦古，似乎可信。“延陵之墓”四字，除“之”字外，三字是汉人方篆，不与前六字合。“君”字取自汉朝铜器铭文“郡”字半片。江阴“艺风老人”缪荃孙也曾有过截然不同之观点。纵然如此，季札葬于江阴的事实无法改变，而“十字碑”是江阴最早见于史端的实证：《史记·吴世家》后注有“延陵季子冢在毗陵县暨阳乡”。《越绝书》云“季子冢古名延陵墟”。《寰宇记》载“季子墓在晋陵县北七十里申浦之西”。

后人在墓旁建季子祠，墓前立碑，季子墓高大的封土依然耸立在古老的申浦河西畔季子祠内。原碑抗战初毁于兵燹，故而此碑拓年代应早于抗战之初。

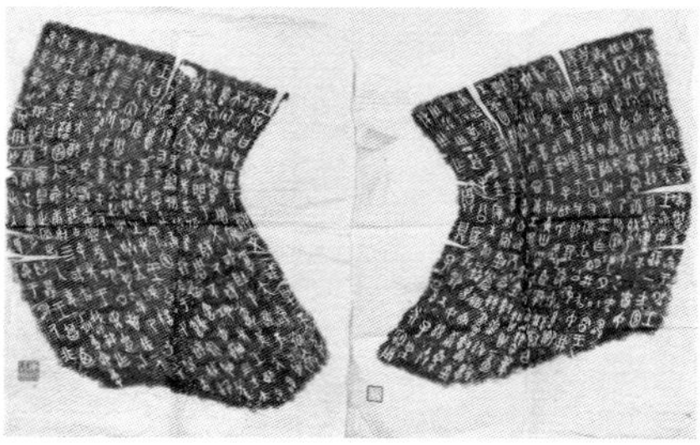

7. 王秀仁拓“毛公鼎”拓片

民国时期

全形拓片（1张）：纵134厘米　横67厘米

腹内铭文拓片（2张）：纵43厘米　横33厘米

江阴市博物馆藏品　2007年陈氏后人陈国绪捐赠

毛公鼎清道光二十三年（1843）出土于陕西省宝鸡市岐山县，现被收藏于台北故宫博物院。腹内铸有铭文32行，计499字，是西周青铜器之最，国之重器也。面世之后，其经历可谓曲折坎坷，最终为江阴籍巨贾陈咏仁、陈利仁兄弟所收藏。1946年兄弟二人将此器献呈国家。

此拓片是在捐赠国家之前，由名拓工王秀仁传拓，共五十份，时售价每套二百两白银。王氏精于传拓，此拓为毛公鼎传世最佳拓本，形态自然逼真，立体感强，是珍贵的全形拓作品。现存世较少，此为其传拓五十份之一也。

全形拓右、右下、左、左下各有一个方形朱印。右印白文“陈氏咏仁利仁于胜利还都年献呈国府”，右下印朱文“三代吉金无上至宝”，左印朱文“山阴王秀仁拓”，左下印朱文“陈氏所藏”。两张铭文拓本左下各有一个方形朱印，一为朱文“陈利仁”、一为白文“陈咏仁伯陶玺”。

8. 商办江阴利用纺织股份有限公司股票

民国二十三年（1934）

长30.7厘米　宽25.8厘米

纸质

江阴市博物馆藏品

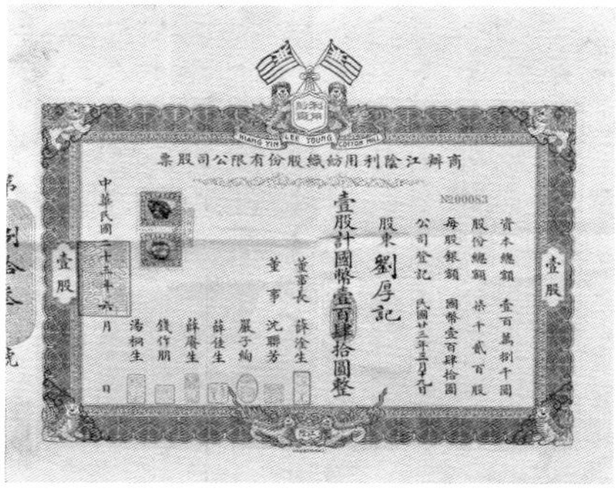

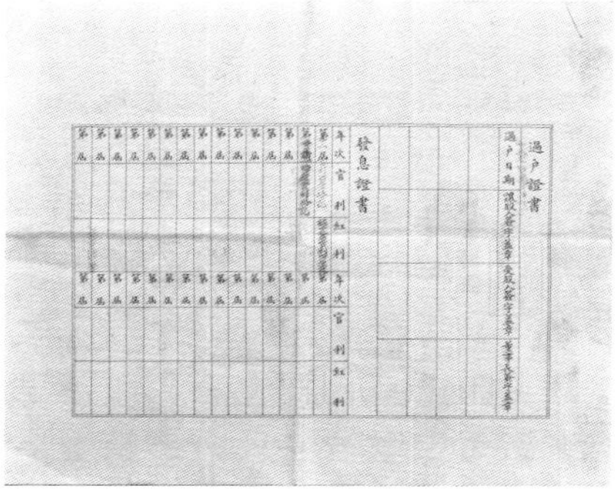

民国二十三年六月发行，股东刘厚记，公司登记日期为民国二十三年三月十九日。

股票由上海商务印书馆承印，正面以蓝色花边作栏框，“九狮”商标图案设计巧妙，八只小狮子环绕股票上、下及四角，另一只为浅色底纹印于股票正中，蓝色花栏两侧边框中段各留白底，印“壹股”字样。正面左上方贴有两张贰分值“国民政府印花税票”，反面有过户证书栏和发息证书栏，红泥印“十八届官利四厘给讫”“补十八届官利四厘讫”“廿五年四厘官利给讫”字样，证明这张股票曾领过两次红利。日期处盖“商办利用纺织有限公司”印，“壹股计国币壹百肆拾元整”上盖“利用纱厂股票图章”，股票右上方和左上角空白处钢印“江阴利用纺织股份有限公司股票图章”，左上角钢印仅有一半。股票左下方分列董事长薛淦生，董事沈联芳、严子绚、薛佳生、薛赓生、钱作朋、汤桐生等姓名，姓名下相应盖各人红泥私章。最左边是这张股票的编号——“第捌拾叁号”右半面，上有骑缝章。

反面是表格。分为过户证书和发息证书两类。过户证书分过户日期、让股人签字盖章、受股人签字盖章和董事长签字盖章四栏，为空白表格；发息证书分年次、官利、红利三栏，其中官利朱书填写了“十八届官利四厘给讫”和“廿五年四厘官利给讫”，红利朱书填写了“补十八届官利四厘讫”。

1908年，由钱以湘牵头，与严荫庭、严子萱、严蟾香、严惠人、汤同生、洪少甫、章甲禄、吴汀鹭九人集资30万两白银，在江阴北外永定坝德成堆栈原址开办江阴利用纺织股份有限公司。推严惠人为总经理，以“九狮”为商标，全部设备均由英国引进，置纱锭15040枚。1929年至1936年薛淦生任利用公司董事长，这张股票正是其任职期间发行的。当时按1933年3月10日国民政府财政部发布的《废两改元令》规定，所有公私款项收付、契约票据及一切交易，一律改用银币，不得再用银两的要求，以银两7钱1分5厘合银币1元，利用纱厂72万两白银资金，共折合银圆100.8万元，分为7200股，每股股金140元。

利用纱厂的开办是江阴传统棉纺织手工业与现代纺织工业的最初碰撞，随着机制棉纱的迅速发展，手工纺纱的主导地位被机纺纱取代。利用纱厂在经历了筹建时的迷茫、开业初期的受挫、调整后的整装待发，到最后的蓬勃发展，一步步走向辉煌。即使在内忧外患的动荡时期利用纱厂也艰难地生存了下来，直到江阴宣告解放，成为我国工业发展中的主力军。

9. 圜底锥足双柱式铭文铜爵

清顺治十一年（1654）

通高15.5厘米　通长13.3厘米　宽7.4厘米

江阴市博物馆藏品

从外形上看，此器应为仿造商周青铜礼器“爵”制作而成。双立柱、短流、三外撇足，纹饰为夔纹辅以方形云雷纹。腹部铸有阳文，铭曰：“大清顺治拾壹年岁次甲午，江阴县知县武茂周、儒学教谕陈鍹、训导魏鹍薦、通庠生员邓国光等同造。”

此器铸造于顺治十一年（1654），铭文中将当时的县令、教育局局长、校长、优秀学生代表的名字一一罗列其上，这显然是为教育工作的一次盛典而制作的纪念品，应陈列于文庙孔子的排位之前，并且应该陈设有一组礼器，此为其一也。

江阴经顺治二年（1645）的抗清之变，惨遭屠城，故而其民对清政府充满敌意与憎恨。清政府为稳定社会秩序，笼络当地的读书人，故而在教育事业上采取怀柔政策。这件器物就是最好的例证。

铭文中的武茂周、陈鍹、魏鹍薦皆载于清道光《江阴县志》。

武茂周，字泰寰，杏山人，顺治九年（1652）任，前县令李长秀以贪婪被纠，茂周任事六年，未尝取民间一钱。

陈鍹，字孟起，安徽石埭人，举人。顺治六年（1649）任，任职六年。自兵燹后，学宫自大成殿、明伦堂外，不遗寸椽，鍹偕诸生经营相度，捐己资、劝义助、不受罚锾、不侵牙户，砖甓木石、钉灰丹漆、诸琐务皆亲自董理，数月之后，复还旧观……

魏鹍薦，安徽虹县人，贡生，顺治九年任，任职六年。

10. 江阴县校准官木斛

清嘉庆六年（1801）

高40厘米　口径26厘米　底径33厘米

江阴市博物馆藏品　2014年征集

斛为木质，鼓腹小口，中腹有两个木鋬。斛体由十数块木条拼合，顶、腹、底各有一个铁箍箍住，底部铁箍已不存，部分表皮剥落。下腹刻有楷书文字“江阴县正堂单，奉，江苏布政使司颁发，藩字壹伯柒拾贰号，牙行沈宏瑞，校准官斛，嘉庆陆年拾贰月给”，填以红色颜料，大部分脱落。

斛是旧时用来计量粮食的量具，口小底大，官府向纳户征收田粮、佃户向田主缴纳租米，均用斛、斗、升来计量。康熙十二年（1673）清政府制造了统一的铁斛、铁升颁行全国。规定官府征粮、地主收租，必须以国家的“仓斗”为凭，并在各县“勒石”，永禁“用大斗剥佃”。自此以后，官府根据朝廷颁发的铁斛制造了统一的官斛，令各州县按官斛标准翻制，以期在全国取得统一。嘉庆六年江阴县知县为单沄（字凝斋，浙江萧山人），该件官斛就是他令牙行沈宏瑞制造，境内所有粮食交纳计数以此为准。

江阴历代保存下来的官斛仅此一件，是见证江阴历史的不可多得的地方文物。

11. 唤起钟

民国十九年（1930）

高30厘米　口径32.5厘米　纽高5.5厘米

楷书　铜质

江阴市博物馆藏品　2010年于征存中学征集

柄部呈梯形，中间有圆孔，用于悬挂。钟身底部呈喇叭状。近柄部有一个长方形的缺口。钟身主体部分铭“唤起钟”三个楷书大字，落款阴刻竖行楷书“民国十九年六月”。此钟为旧时作课铃之用。

征存中学是江阴市资深学校之一，江苏省省级示范中学。1924年，地方绅士祝廷华为纪念新文化运动中倡导“征文存献育菁英”之宗旨，创办征存学院。2007年，征存中学与江阴职业技术学院合并，从此再无“征存”之名，仅留下“唤起钟”和“十周年纪念堂石碑”两件遗物，收藏于江阴市博物馆。

五、窖藏文物

江阴市山观镇宋元金银器窖藏

1. 银鎏金七花头梁式发簪

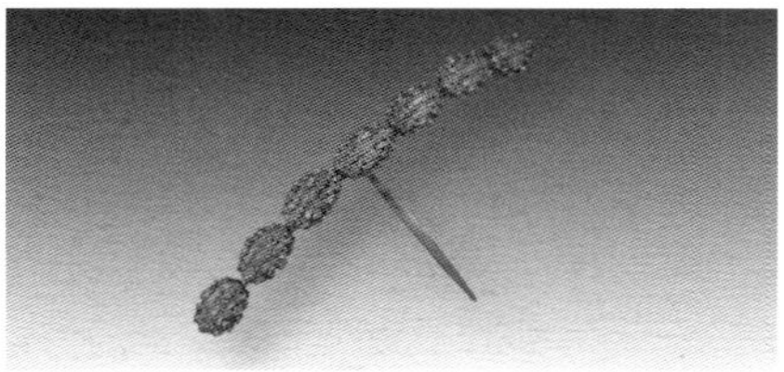

长12.3厘米　宽22.5厘米　簪杆长9.6厘米

江阴市博物馆藏品　1986年江阴山观窖藏出土

两件皆为弧形梁式花头簪，基本制作工艺一致，七朵花使用焊接工艺，均匀地排列于簪梁之上，唯花头形制相异。

花头的形制分为两型。

Ⅰ型花头：七朵，形制一致，似七朵盛开的葵花，花心和花叶皆使用錾刻工艺装饰，花头中空，采用抛光技艺，使其光滑亮泽。

Ⅱ型花头：七朵，形制一致，每朵花头由上下两片錾有各色盛开花朵的鎏金银片焊接而成，中空，七朵花头再通过焊接，均匀分布于簪梁之上。

2. 银鎏金五花头梁式发簪

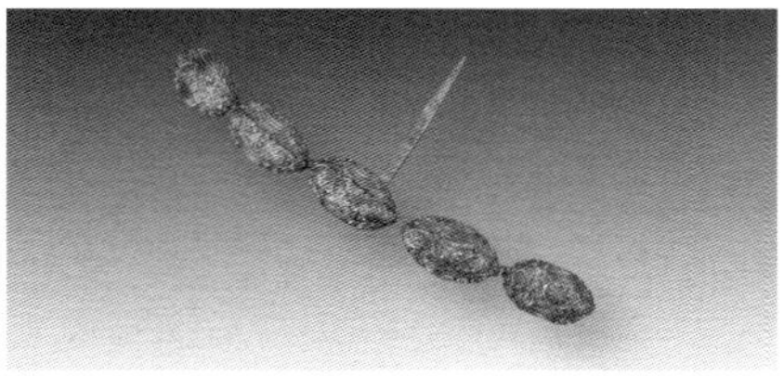

长11.5厘米　宽23.3厘米

江阴市博物馆藏品　1986年江阴山观窖藏出土

两件皆为弧形梁式花头簪，基本制作工艺一致。五朵使用焊接工艺的花头均匀地排列于簪梁之上，根据花头的形制分为两型。

Ⅰ型花头：共五朵，形制一致，似盛开的牡丹花，用錾刻工艺装饰花朵和花心，立体感极强。

Ⅱ型花头：共五朵，形制一致，由两个刻有各类花朵的鎏金银片焊接而成，椭圆球形花头，中空，花朵间以“S”纹间隔。

3. 银鎏金三花头梁式发簪

长11厘米 宽10.9厘米 簪杆长9.5厘米

江阴市博物馆藏品 1986年江阴山观窖藏出土

两件皆为弧形梁式花头簪，形制一致，制作工艺相似。花头的形制似盛开的牡丹花。花朵、花心用錾刻工艺装饰，中空，焊接处明显，采用打磨和抛光技艺修复，隐蔽处焊接点明显。

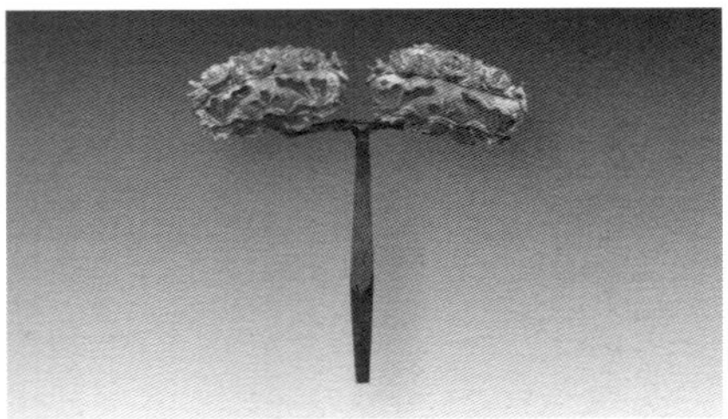

4. 银鎏金双花头梁式发簪

长11.9厘米 宽9.7厘米 簪杆长8.9厘米

江阴市博物馆藏品 1986年江阴山观窖藏出土

两件皆为弧形梁式花头簪，形制基本一致，制作工艺相似。花头由两片錾刻有各色花朵的鎏金银片焊接而成，外形呈椭圆球形，焊接处明显，有开裂、破损现象。

5. 银鎏金并头式筒形发簪

长25.3厘米 宽7.1厘米

江阴市博物馆藏品 1986年江阴山观窖藏出土

簪体为空心，圆柱，分别用鎏金银片卷合后焊接而成，两筒交接处焊痕明显，簪帽与筒体以焊接相连。簪帽的纹饰以鸳鸯、葵花为主体，以宝相花衬底，极具立体感，簪身的主体纹饰为四季花开纹，上下铺以毬路纹。

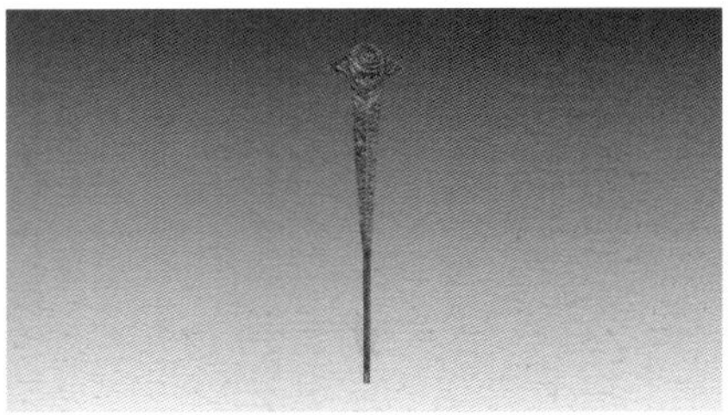

6. 银鎏金单筒式发簪

长19.7厘米 宽3.8厘米

江阴市博物馆藏品 1986年江阴山观窖藏出土

簪体为空心，圆柱，用两片鎏金银片卷合焊接而成，两件器物纹饰截然不同。簪帽的纹饰分别为葵花和牡丹纹，簪体的主体纹饰分别为四季花开和枝蔓纹，錾刻有匠户名“黄贰郎”。

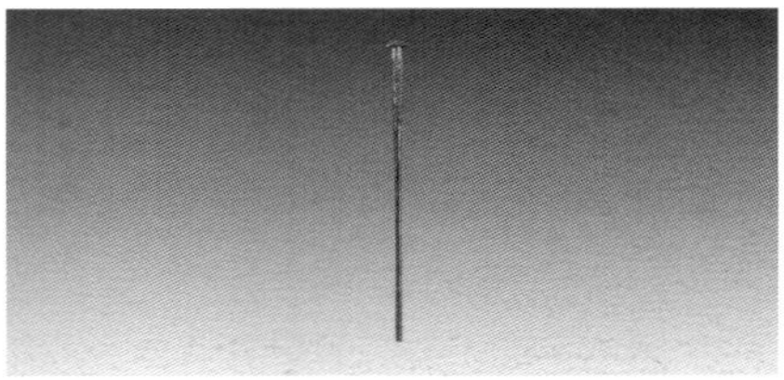

7. 银鎏金花头簪

长26.2厘米 宽1.9厘米

江阴市博物馆藏品 1986年江阴山观窖藏出土

簪体皆为鎏金银片焊接而成，主体纹饰为四季花开纹，簪帽与簪身焊接，簪帽的纹饰多样，以花卉为主，有荷花、牡丹等。

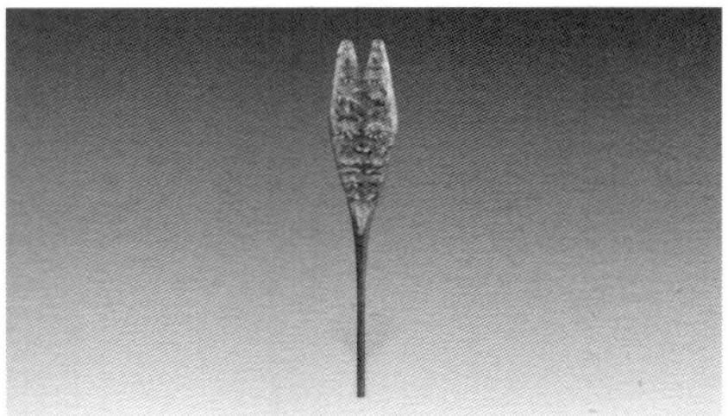

8. 银鎏金并头式葵花飞鸟纹发簪

长24.2厘米 宽3.1厘米

江阴市博物馆藏品 1986年江阴山观窖藏出土

簪身为两片鎏金银片并排焊接而成，插竿为筒形，中空，鎏金银片通过压模、錾刻、焊接等工艺，刻画出葵花、牡丹等植物花卉以及各类飞鸟纹饰，极富立体感，錾刻有匠户名“郭胜叁郎”。

9. 银鎏金花鸟纹花头簪

长13.4厘米　宽2.5厘米

江阴市博物馆藏品　1986年江阴山观窖藏出土

葵花形簪帽，主体纹饰为一只展翅的飞鸟，辅以各色盛开花卉，插竿较细长，与簪帽焊接而成。

10. 银鎏金花头簪

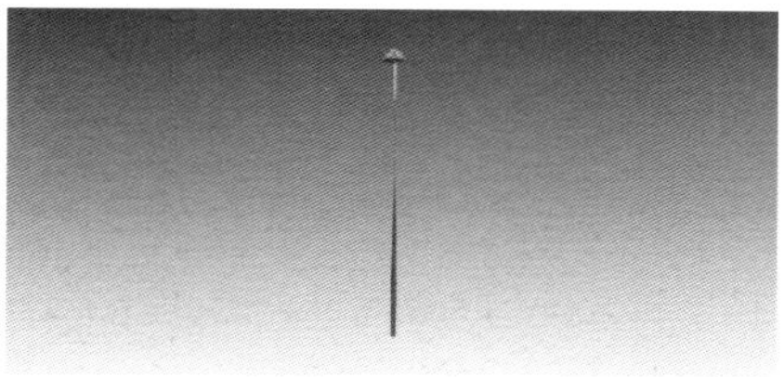

长22.7厘米　宽1.7厘米

江阴市博物馆藏品　1986年江阴山观窖藏出土

簪的插竿细长，实心，簪帽与插竿焊接而成，纹饰为盛开的花朵，有桃花、荷花、葵花等。

11. 银鎏金凤凰牡丹纹簪首

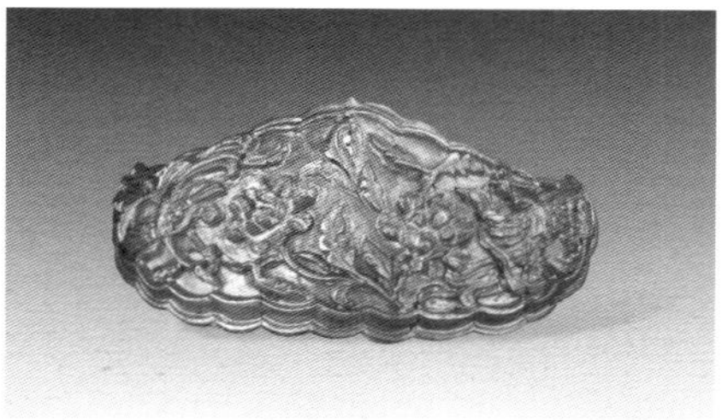

长9.7厘米　宽4.9厘米

江阴市博物馆藏品　1986年江阴山观窖藏出土

簪首背面有焊痕，原来应该有插竿，已断失，外形呈如意祥云形，簪首正面纹饰为两只展翅的凤凰相向而飞，中间为两朵连枝盛开的牡丹花，器背压模痕迹清晰。

12. 银鎏金葵花纹簪首

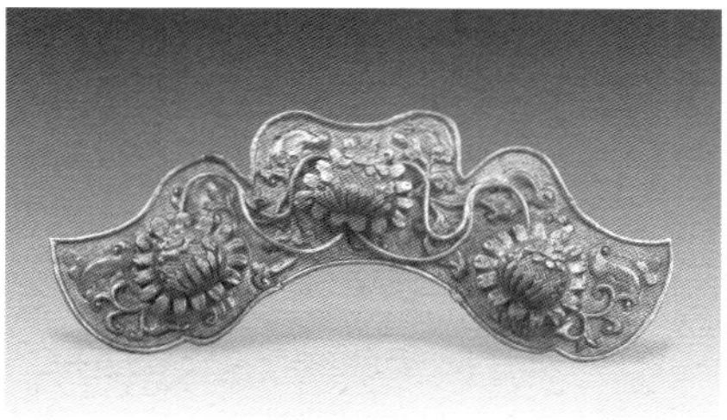

长11.2厘米　宽3厘米

江阴市博物馆藏品　1986年江阴山观窖藏出土

从器背焊接点来看，原来应有插竿，现已断失。外形为三朵如意祥云，每朵祥云中以一朵含苞待放的葵花为主体，三枝葵花间以蔓枝相连，极富立体感。器背模压，焊痕清晰。

13. 银鎏金荔枝桃花纹发簪、石榴桃花纹耳环

长12.6厘米　宽3.3厘米　簪杆长9.1厘米

江阴市博物馆藏品　1986年江阴山观窖藏出土

簪首为荔枝纹、桃花纹饰，辅以枝叶，极富立体感，插竿扁平实体。

耳环的主体纹饰为石榴和桃花纹饰，背焊接有环形耳环脚（有残损）。

14. 银鎏金发钗

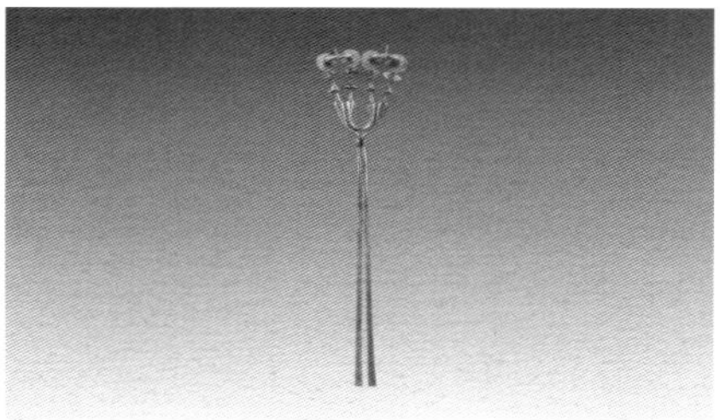

长15.8厘米　宽3.8厘米　钗杆长11.5厘米

江阴市博物馆藏品　1986年江阴山观窖藏出土

钗脚较长，钗头少见，形制特殊，设计精巧，钗头分为四组，相连的两组交叉焊接，两组各用七片圆形鎏金银片从中穿过并焊接装饰，细部焊接处粗糙，未焊接处打磨抛光，光滑亮丽。

15. 银鎏金并头式对鸟纹钗形簪

长18.3厘米 宽2.1厘米

江阴市博物馆藏品 1986年江阴山观窖藏出土

此类钗形簪有数件，形制大致相当，纹饰各有特色。此件最为典型。背部焊有弯曲钗竿，整体为一片鎏金银片模压成型，簪首为两只对吻之鸳鸯，下接盛开荷花，簪身为两组枝蔓花卉纹。

16. 银臂钏

直径6.5厘米 厚0.1厘米

江阴市博物馆藏品 1986年江阴山观窖藏出土

两件形制相似。银制，共十圈，光素无纹饰，两侧有银丝缠绕，用于调节松紧，内侧錾有匠户姓名。

识略：

这批文物出土于江阴市山观镇，由于缺乏现场的考古资料，因此在其断代问题上，只能从器物本身的特点上加以确定。

器物出土时，每个个体保存状况并不相同，受损的情况也不尽相同。有些因锈蚀而鎏金的外表已不再明显，有些甚至出现残断、扭曲、变形。这套饰品作为实用器毋庸置疑，但出土时各器物间保存状况为何反差较大？究竟是入藏前业已形成，还是埋藏后受地下环境的影响，甚至是出土后人为所造成的？现在皆已无法确定了。

这批金银饰品在年代的确认上，如果定为宋元时期，相对宽泛些；如定为宋代，似乎又有所欠缺，毕竟缺少了能精准定位的考古材料作为重要旁证。因此在年代上，还是采取保守的做法，暂且定为宋元时期，即使它们具有显著的宋代特征，但历史的延续性依然客观存在。当然这种特征与明代金银饰品的特征又有着本质的差别。

这批窖藏的鎏金饰品以头饰为主，器形以簪、钗为多，另有耳环，以及臂钏。簪的式样丰富，是主要的发饰。各式发簪中，又以梁式花头簪最为艳丽，分别有七花头、五花头、三花头、双花头式样，各花头又形态各异，令人目不暇接。其中葵花纹是主要的植物纹饰，其他还包括牡丹纹、荔枝纹等，动物纹饰有凤鸟、鸳鸯等。在制作上，模压成型和捶揲成型是最主要的工艺，另外还包括了套接、凸花等主体装饰工艺，焊接、打磨、抛光、捆扎等技术都已成熟运用。

这批饰品的另一个明显特点，就是大部分器物上錾刻有铭文，铭文的内容以人名为主。这显然是制作工匠的名字，如“郑宁壹郎”“张胜叁郎”“黄贰郎”“郭胜叁郎”“邓元壹郎”“万寿贰郎”……说明这时期的金银制作工艺已经在民间广泛地使用，民间作坊承担着百姓对金银饰品需求的责任，金银器饰品已然成为民间化、大众化的商品需求。出现的这些人名，应该是出自同一处作坊的匠师。作坊主根据订单，给每位匠师安排制作任务，每件饰品应该是匠师独立制作完成的，因此尚未形成类似流水线操作的流程。也就是说每位匠师必须熟练地掌握各种技术工艺，如“郑宁壹郎”既出现在工艺制作复杂的七花头发簪上，也同样见于简单的花头簪上。这类现象在这批饰品上还是有较多发现的。

宋元时期的金银器具有鲜明的创新性和强烈的民间化特性。江阴山观金银器窖藏出土的这批金银饰品，俨然是当时一位贵妇的“首饰盒”，相较于同时期宫廷与皇家的金银饰品，无论从艺术造型、制作工艺、产品质量上都存在着一定的差距。但作为民间手工艺的重要出土实物，必然具有极高的研究价值。

江阴市北涠镇（今属江阴市顾山镇）清代印章窖藏

1. “用拙成吾道”石质印章

长1.8厘米　宽3.2厘米　高5.8厘米

长方形印面

质地为寿山白芙蓉，兽纽，略残。白文，篆书。

2. “存君子心，行丈夫事”石质印章

长4.3厘米　宽3.3厘米　高3.4厘米

长方形印面

质地为寿山白芙蓉，兽纽。朱文，篆书。

3. “百花丛里裼裘来”石质印章

长3.3厘米　宽1.5厘米　高4.8厘米

长方形印面

质地为寿山白芙蓉，石顶部刻有枝叶薄意。朱文，小篆。

4. “春草闲情”石质印章

长1.8厘米　宽2.6厘米　高2.8厘米

长方形印面

质地为寿山白芙蓉。朱文，小篆。

5. “生与研为邻”石质印章

长3厘米　宽3厘米　高3.2厘米

方形印面

质地为青田石。朱文，篆书。

6. “黄山樵客”石质印章

长2.8厘米　宽2.8厘米　高2.6厘米

方形印面

质地为寿山白芙蓉。白文，篆书。

7. **“酒酣耳热惟长啸”石质印章**

长2.1厘米　宽2.1厘米　高2.9厘米

方形印面

质地为寿山白芙蓉。白文，篆书。

8. **“上沙涧上人家”石质印章**

长3.3厘米　宽3.3厘米　高5.1厘米

方形印面

质地为青田石。朱文，篆书。

9. **“吴趋”瓷质印章**

直径2.2厘米　高5.5厘米

圆形印面

质地为青瓷质，圆纽略残。朱文，篆书。

10. **“王氏金石”石质印章**

长1.6厘米　宽1.6厘米　高4.3厘米

方形印面

质地为寿山白芙蓉。白文，篆书。

附边款“月鉏先生正苇村”。

11. **钱侗制“吴江郭麐祥伯”石质印章**

长3厘米　宽3厘米　高2.3厘米

方形印面

质地为寿山白芙蓉。朱文，篆书。

附边款“频伽旧有此印，曼生所制也，既失去，属予为之，庚申冬十月同人并识”。

12. **杨澥制“癖印书生”石质印章**

长1.6厘米　宽1.6厘米　高3厘米

方形印面

质地为寿山白芙蓉。朱文，篆书。

顶部刻“龙石”二字，穷款。

13. **王应绶制“百花盦”石质印章**

长2.2厘米　宽2.2厘米　高5.7厘米

方形印面

质地为寿山石，兽纽。白文，篆书。

附边款“将为味雪主人刻百花盦玉印，先篆此石为式，子若记”。

14. 赵之琛制“身依堂上衰年母，日补人闲未读书”石质印章

长3.6厘米　宽3.8厘米　高6.5厘米

方形印面

质地为寿山白芙蓉，兽纽，残损。朱文，篆书。

附边款“拟松雪老人法，丁亥七月望，次闲”。

15. 赵之琛制“味雪吟钤”石质印章

长1.5厘米　宽1.5厘米　高3.3厘米

方形印面

质地为寿山田黄，兽纽。朱文，篆书。

附边款“次闲为味雪世兄”。

16. 赵之琛制“清溪半枕”石质印章

长2厘米　宽2厘米　高3厘米

方形印面

质地为寿山田黄，兽纽。朱文，篆书。

附边款“次闲为月鉏仿汉”。

17. 赵之琛制“许福兴印”石质印章

长2.6厘米　宽1.6厘米　高4.5厘米

长方形印面

质地为寿山白芙蓉，兽纽。白文，篆书。

附边款“醉花生戏拈此句属，次闲刻”。

识略：

1982年12月，江阴市顾山镇北涸东清河疏浚工程工地，在距地表一米深的河岸边，工人们挖到了一只完整的圆腹陶罐，陶罐内藏有印章二十枚。经公安、文化部门的全力追缴，追回印章十七枚。其中十六枚为石质，一枚为瓷质。

由于这批窖藏印章缺乏现场考古资料，因此其埋藏的年代只能依据具体的器物来进行大致的推断，所幸大部分器物能得以完好地追回。

最早的印章可上溯至明末清初，如：

“黄山樵客”，其刀法与清初虞山派林皋的特点极为相似；“上沙涧上人家”，可确定为明末清初吴门画派画家徐枋（1622—1694）之用印；“吴趋”瓷印，可确定为明末清初苏州的民间艺人所制。

最晚的印章可确定为清道咸年间，四位有据可查的作者中，钱侗、王应绶、杨澥生活年代的下限未超过道光年，唯赵之琛为咸丰年。

在江阴北涸出现的这批窖藏印章，其收藏者（是否为王月鉏待考）必然是一位金石艺术的爱好者，甚至其本人就是位篆刻家。突如其来的变故，迫使其匆忙间将此心爱之物草草埋藏，而终成难解之谜。

印章中，“王氏金石”“百花盦”“味雪吟钤”“百花丛里裼裘来”“清溪半枕”等5枚印章，由边款可以推断确定是赵之琛、王应绶等人为王月鉏所刻，而非王月鉏自钤之用。

王月鉏（生卒年不详），生平见清代孙兆溎《片玉山房词话》记载：“武林王月鉏，侨寓苏城百花巷。有百花盦……自号醉花主人。”

这批印章的主体属浙派的艺术风格，赵之琛是嘉道咸三朝的金石大师，是浙派的领军人物，影响力极广。而杨澥、钱侗、王应绶的作品虽个性极强，但并未脱离浙派的风格。从这批印章的印面磨损情况判断，是收藏者经常把玩、拓印之物，使用的痕迹较为明显。

六、墓葬文物

江阴市长泾镇明代夏颧墓出土文物

医疗器械

1. 铁质柳叶形手术刀

通长16.6厘米　刃宽1.7厘米

刃口锋利，呈尖刺状，握柄略厚，呈束腰状。

2. 铁质平刃手术刀

通长10.3厘米　刃宽1.5厘米

刃部锋利，握柄短粗，截面呈方形。

3. 牛角柄铁质圆针

其一：通长9.7厘米　宽1.2厘米　柄长5.4厘米

其二：通长9.5厘米　宽1.3厘米　柄长4.9厘米

刃的头端呈卵形，已略有磨损。

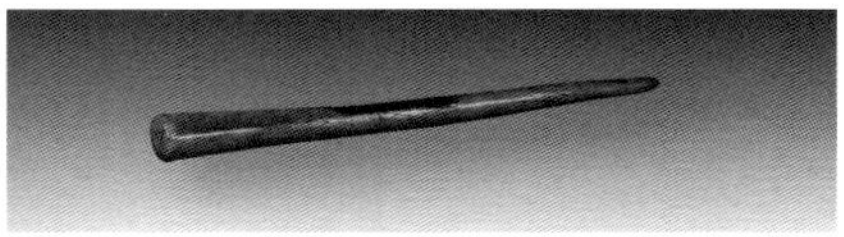

4. 木质医针

通长5.7厘米

硬木制作，圆针形，针尖锋利，通体光滑。

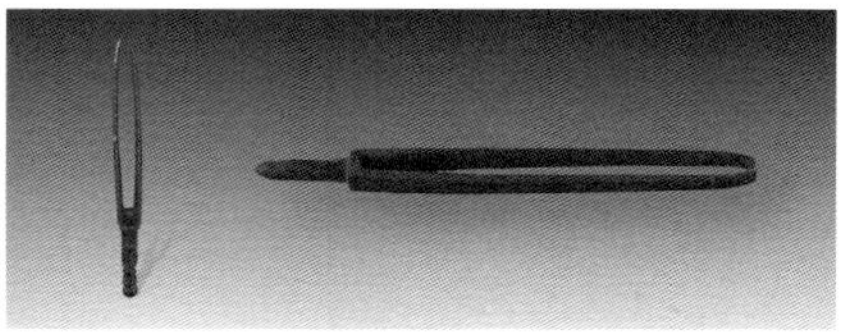

5. 金属镊子

铜质：通长9.9厘米　宽1厘米　厚0.7厘米

铁质：通长12.3厘米　宽1.2厘米　厚0.8厘米

也称“大钳”“钗”，两件形制基本一致，竹节形柄，镊尖锋利。

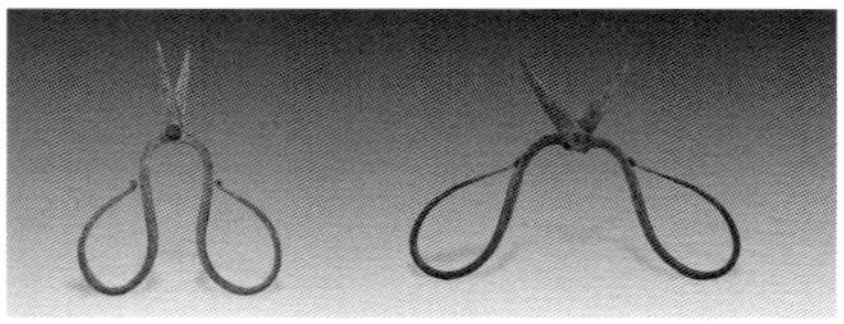

6. 铁质小剪刀

其一：通长10.4厘米　宽6.2厘米

其二：通长10.4厘米　宽5.8厘米

与普通家用剪刀相似，刀尖锋利。

7. 白釉冰裂纹四眼瓷熏罐

通高8.3厘米　口径3.8厘米　底径4.8厘米　腹径8厘米

罐口下有四个直径约一厘米的小孔，矮圈足。

8. 霁蓝釉双系淋洗瓷壶

通高11.5厘米　口径4.9厘米　底径7.8厘米　腹径13.6厘米

壶嘴弯曲渐细长，腹部两侧各有一穿带耳，直口无盖，矮圈足，底未施釉，通体施蓝釉，此为定制的专用器皿。

9. 猪鬃毛穿牛角柄药刷子

其一：通长16厘米　宽1厘米

其二：通长14.7厘米　宽0.8厘米

柄为牛角质地，细长，似现代牙刷。

10. 木质药罐

带盖：通高11.9厘米　口径3.5厘米　底径3.5厘米　腹径7厘米

无盖：通高6.4厘米　口径2.3厘米　底径2.1厘米　腹径4.1厘米

硬木质地

瘦高形，矮直口，平底。盖呈多层塔式，似将军罐盖。

识略：

墓葬中出土成套的中医医疗器械，在考古史上是极为罕见的。本墓葬有准确的纪年，故而其学术价值是巨大的。

柳叶形手术刀与现代手术刀极为相似，是切开伤口的工具。

平刃手术刀刃口短，是切开较小面积和割除“死腐、余皮”的工具。

牛角柄圆针是治疗各种脊椎骨伤、下颚骨伤、四肢骨挫伤以及骨折、筋痛等疾病的重要工具。

木质医针为外科工具，用于刺破较小脓疡。

镊、剪则是中医手术中不可缺失的重要工具，和现代医疗器械差异不大。

四眼熏罐是医治痔病及皮肤科、眼科的常用工具。

从双系淋洗壶流的形制可以看出，其主要用于外科、伤科冲洗伤口。

两把药刷子和两只药罐都是较为普通的医疗辅助工具，药刷子起到收集药末的作用，而药罐则用于盛放药物。

墓志中提到了夏颧应用过针灸疗法，而出土的实物中并未出现针、艾，说明出土的这些医疗器械不过是墓主生前用过的部分医疗工具而已。这套医疗器械简单实用，反映了我国古代医疗技术的成就，是我国元、明之际外科手术和外治法的重要实物资料，具有重要的研究价值。

墓志铭及其他随葬器物

1. 绿釉瓷茶壶

通高13.5厘米　口径7.2厘米　底径7厘米　腹径11.7厘米

2. 竹竿质地毛笔（带笔帽）

长23.8厘米　笔杆径1.2厘米

3. 各色残墨

长2.8厘米—4厘米　宽2.4厘米—3厘米　厚0.8厘米

为一般松墨。

4. 砖砚

带盒：通长9.6厘米　宽5厘米　厚1.6厘米

无盒：通长8.3厘米　宽4.9厘米　厚1.7厘米

呈长方形，墨池较深。

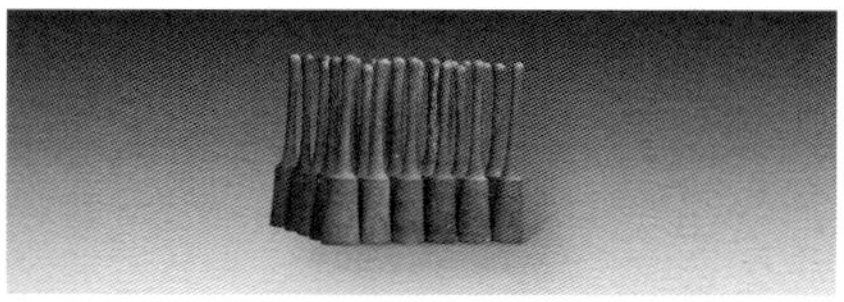

5. 双陆棋

通高10.5厘米　底径2厘米

硬木质地

6. 象棋

直径3.3厘米　厚1.1厘米

紫檀木质地

7. 围棋

直径1.2厘米　厚0.6厘米

玻璃、天然石子质地

8. 灯盏和灯扦

灯盏：通高19.5厘米　盏径7.8厘米　底径6.7厘米

灯扦：通高8厘米　底径2.3厘米

金属（锡铅合金）质地

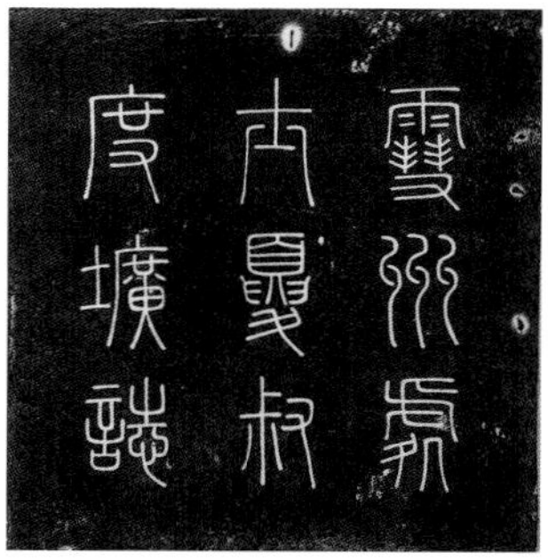

9. 墓志铭

明永乐九年（1411）

长39厘米　宽36.7厘米　厚9厘米

石质

铭：篆书　志：楷书

江阴市博物馆藏品　1974年江阴市长泾镇明墓出土

释文：

志盖：雪州处士夏叔度圹志

志文：

江阴有处士曰夏公叔度，永乐九年闰十二月初九日以疾卒于家。其家子贤遣价人、走京师、奉家状、属其故。馆客翰林王先生孟端、太医院蔡先生原昶乞铭于诸名公。孟端以俾余，余力以菲薄，无文辞不敢当，不得请。余故与处士有旧雅，知其行实，故不敢固让。

按处士讳“巑”叔度字也，姓夏氏，世居江阴之习礼墅，为望族。

曾大父鼎，仕元，为承务郎松江府判官，大父元，元江阴州教授，父渊，元上海县主簿，母赵氏亦州故家。

值元季兵起，乡之盐徒贩夫日寻干戈，以势力争雄，长相略夺贼杀。主簿遂挈家避地吴中，寻卒，处士时甫五岁，赵夫人亦方二十八岁，以节义自持，誓不易志。鬻粧具自给，鞠躬尽瘁以教育其孤。茕茕相依、备历困苦，迨入天朝混一区宇，母子同还故墟。处士亦能自成立，垦葺荒秽，产业几复其旧。

洪武间，有司以行义闻诏旌其门，曰“贞节”，详载国史中。

洪武廿二年以寿终，越廿二年处士卒。处士生于元至正戊子七月二十六日，至是年六十四岁矣，凡两娶，先配常熟邹氏，继配无锡杨氏，咸有妇道，俱先卒。丈夫子五人。长即贤，娶许氏；次良，娶范氏；方，娶邹氏；皆邹出也。贞先卒，娶李氏；吉，娶张氏。女子二人，孟姬适赵淮；仲姬适邹湜，皆杨出也。孙男六人。昱，娶钱氏；晟，娶华氏；昂、旻、昺、暠。孙女五人，曾孙男一人，璿，皆幼。

卜以永乐十年二月二十七日从葬于本里祖坟之次。

处士出，故家早失所怙，生有至性，弱不好弄。遵贤母之训，克致卓立，故能中废复振。所以事其亲者尤为尽其孝。建“萱寿堂”以为奉甘旨之所，母夫人殁，持丧哀毁如礼，祭祀必尽诚敬好。读书尚古道，作诗清丽有法。立“三近斋”以延师教子。礼敬士大夫，作“停云”“澄怀”诸轩，以款接宾客。晚更号雪洲（州），悉以家事分属诸子，日与儒医、方外诸友焚香、鼓琴、弈棋、赋诗，觞咏倡酬，以自娱乐，不复以世累婴心。明于医药、针艾之术，恒以救人危笃疾，尤乐施予周急，赴义若饥渴，不问家有无盖，其天性然也。故以有道期之。

从弟聪早丧父母，赘于他乡不能归，处士展转取之以还，俾奉其父母祭祀；外姑强氏从其子谪戍云南，处士时遣人致资给不绝，卒取还以养之，他事多类此。治家法严整，中外斩斩无间言，笃亲故恩义，以至佃仆僮奴辈，亦曲尽周恤情意，惜其未及高寿而殁。以故闻者，识与不识咸痛悼之，可谓一乡之善士矣。是宜铭，铭曰：

君山峨峨，练江澄澄。爰有德人，邦邑之贞。早失所怙，母教是承。生有至性，器量夙成。卓然自立，中废复兴。事亲思孝，奉祭思诚。接交以敬，待物以弘。睦族有义，抚下有情。众美备具，异口同称。中寿而殁，天乎曷凭。生为善人，殁有令名。死而不已，是实宜铭。习礼之原，祖坟之傍。卜日之吉，于焉永藏。贻示后人，斯文是征。

汉府右长史、奉议大夫、前翰林史官钱仲益撰。

翰林院修撰，沈度书丹。

征仕郎、中书舍人吴均篆额。

文林郎、监察御史陈耘填讳。

中吴何澄镌。

识略：

墓主夏颧为江阴之地方名士，其墓于1974年于长泾镇被发现，虽经盗扰，所幸随葬器物得以保全。由于未经正式的考古发掘，故现场的第一手资料并不是很完整。

夏颧的事迹可以从江阴的地方文献中找到相关的著录，如道光《江阴县志》卷十八“人物三·隐逸·夏颧”条载：“夏颧字叔度，元主簿渊子，品行高端，名利不关于心，与倪瓒为烟霞契友，逍遥终日。人谓云林风格，惟叔度足与颉颃。”

地方志中将夏颧作为隐居的高士来看待，其实从墓志中可以看出其医术也同样高明，出土的医疗器械也印证了这点。墓志中载“日与儒医、方外诸友焚香、鼓琴、弈棋、赋诗，觞咏倡酬，以自娱乐，不复以世累婴心。明于医药、针艾之术，恒以救人危笃疾……”其墓中出土的象棋、双陆棋、围棋及文房类文物，无不与之相贴切。墓志、方志和出土文物的结合，更全面地反映了墓主夏颧的生活轨迹。《习礼夏氏宗谱》中记载，夏氏自其第一世夏曼在南宋时由中原迁至江阴长泾习礼，故称“习礼夏氏”，至夏颧已为第八世。从宗谱上看，习礼夏氏可谓人才辈出，载入史册者不乏其人，直至当代，已赫然是江阴望族之一，遍布于大江南北。

夏颧墓志的撰写者为钱仲益、沈度、吴均、陈耘、何澄，皆为当世之名士。尤其是由沈度书丹，其书法堪称一绝，为台阁体之宗师。这也是此方墓志更显珍贵之处。

参考书目:

1. 江阴县文化馆《江阴县出土的明代医疗器具》,《文物》1977年第2期,第40—43页
2. 益公《明代医疗器械的初步考察》,《文物》1977年第2期,第44—47页
3. 翁雪花、刁文伟《江苏江阴市青阳镇里泾坝宋墓》,《考古》2008年第3期,第92—96页
4. 唐汉章《黄山炮台出土的古炮》,《无锡文博》增刊总39期,1998年第2期,第21—22页
5. 武宝民《江苏江阴出土清代窖藏印》,《文物》2014年第6期,第85—90页

结束语

其实，早在三年前，第一次全国可移动文物普查工作就已经基本结束。按理说，这本书早应该出版了，但是由于恰逢馆内机构并撤，人事变动，本书的出版受到了一定的影响，也正是趁此时机，我们有了更多的时间去借鉴和思考。他山之石，可以攻玉。

作为此次普查工作的主体单位，江阴市博物馆起到了核心引领作用。历任馆长——陈蓉、韩锋、翁雪花责无旁贷，相继担负起这重要的使命，率领着一支优秀的团队，克服重重困难，最终顺利完成了这项艰巨的任务。不敢说取得了多大的成就，但至少可以骄傲地回答，困扰着江阴市博物馆的“家底问题”，终于得到了解决！

作为团队中的一员，我自始至终参与了这项工作，深切感受到了文物普查工作的意义。为此，本书的编撰更侧重于学术性的研究成果而有别于图录式的堆砌，这样的底气来源于这支团队的研究精神和文博前辈们的学术积累。在此，衷心感谢唐汉章、李新华、林嘉华等江阴市博物馆事业的开创者，感谢董录科、杜颖波等文博事业的奋斗者，他们的努力和奉献，为这座国家二级博物馆奠定了坚实基础。这也是我在完成此书编撰工作以后，首先从内心深处油然升起的敬意！

江阴市博物馆已经出版过一些馆藏文物图录：《江阴文物精华》《陶白捐赠文物选集》等。此次编撰本书，为避免重复，尽量多地选取馆藏普通文物，更注重和突出研究成果，并按照地域文化特色和馆藏文物特点，分章节编排，这或许也是本书的亮点所在吧！

谨注：本书同时还收录了其他参与普查工作单位收藏的文物，皆一一注明出处。窖藏文物中北涸出土印章一节，借鉴了武宝民同志的研究成果，在此表示感谢！

刁文伟

2020年8月